edition suhrkamp 1514

Über das Verhältnis Martin Heideggers und dessen Philosophie zum Nationalsozialismus ist viel diskutiert worden. Das vorliegende Buch von Pierre Bourdieu ist ein Beitrag zu dieser Debatte – jedoch nicht durch den Nachweis philosophieexterner Bezüge zwischen NS-Politik und den Handlungen dieses Philosophen. Bourdieu geht es vielmehr um die Rekonstruktion sowohl der verschiedenen Varianten der Weltanschauung der »konservativen Revolutionäre« als auch der intellektuellen und sozialen Logik des philosophischen Feldes, auf dem sich die Überführung der völkischen Gesinnung in die existentielle Philosophie vollzieht. Erst dann kann man die politische Ontologie Martin Heideggers verstehen und bewerten.

Pierre Bourdieu (1930-2002) ist einer der großen französischen Soziologen. Zuletzt erschienen im Suhrkamp Verlag von ihm *Die männliche Herrschaft* und über ihn *Pierre Bourdieu. Deutsch-französische Perspektiven* (stw 1752).

Pierre Bourdieu
Die politische Ontologie Martin Heideggers

*Aus dem Französischen
von Bernd Schwibs*

Suhrkamp

Titel der Originalausgabe: *L'ontologie politique de Martin Heidegger.*
© Les Editions de Minuit 1988

3. Auflage 2015

Erste Auflage 1988
edition suhrkamp 1514
Neue Folge Band 514
© Les Editions de Minuit 1988
© Suhrkamp Verlag Frankfurt am Main 1988
Suhrkamp Taschenbuch Verlag
Alle Rechte vorbehalten, insbesondere das der Übersetzung,
des öffentlichen Vortrags sowie der Übertragung
durch Rundfunk und Fernsehen, auch einzelner Teile.
Kein Teil des Werkes darf in irgendeiner Form
(durch Fotografie, Mikrofilm oder andere Verfahren)
ohne schriftliche Genehmigung des Verlages
reproduziert oder unter Verwendung elektronischer Systeme
verarbeitet, vervielfältigt oder verbreitet werden.
Satz: Hümmer GmbH, Waldbüttelbrunn
Printed in Germany
Umschlag gestaltet nach einem Konzept
von Willy Fleckhaus: Rolf Staudt
ISBN 978-3-518-11514-5

Inhalt

Vorwort 7

Einführung: Ein scheeles Denken 9

I. Die reine Philosophie und der Zeitgeist 16

II. Philosophisches Feld und Raum der Möglichkeiten 55

III. Eine »konservative Revolution« in der Philosophie 73

IV. Zensur und Formgebung 91

V. Die interne Analyse und der Respekt der Formen 113

VI. Die Selbstinterpretation und die Entwicklung des Systems 126

Anmerkungen 135

Für Marie-Claire

Vorwort

Die vorliegende Studie erschien erstmals in etwas anderer Form 1975 in der Zeitschrift *Actes de la recherche en sciences sociales* (und noch im selben Jahr auf deutsch im Syndikat Verlag). Primär als eine methodische Übung gedacht, lag ihrer Perspektive jegliche Denunziation fern. Doch da die wissenschaftliche Analyse nichts mit der Logik des Prozesses und den dabei aufgeworfenen Fragen zu tun hat (War Heidegger Nazi? War seine Philosophie nazistisch? Sollte Heidegger gelehrt werden? usw.), ist noch keineswegs ausgemacht, daß die ungesunde Hektik, in deren Mittelpunkt die Figur des Philosophen gegenwärtig steht, einer angemessenen Rezeption der vorliegenden Arbeit, die wohl noch immer unzeitgemäß ist, tatsächlich förderlich sein wird.

Neben einigen zusätzlichen Anmerkungen zur Aktualisierung der historischen Information beruht die wesentliche Änderung darin, die drei Kapitel, die der Analyse der Heideggerschen Sprache und der von ihr geforderten Lektüre gewidmet sind, ans Ende gerückt zu haben. Damit droht freilich kaschiert zu werden, daß es – und dies im Widerspruch zu einer häufig anzutreffenden Vorstellung von Soziologie – gerade die Lektüre des Werkes selbst war, seiner Doppeldeutigkeiten und Anspielungen, die zu einer Zeit, als dies alles den Historikern weitgehend unbekannt war, bestimmte und völlig unerwartete politische Implikationen der Heideggerschen Philosophie offenbarte: so die im Zentrum der Theorie der Zeitlichkeit stehende Verurteilung des Wohlfahrtsstaates, der zur Verdammung der Heimatlosigkeit und Irrnis sublimierte Antisemitismus, die in den gewundenen Anspielungen des Dialogs mit Jünger sich bekundende Weigerung, sich vom einstigen Nazi-Engagement zu distanzieren, so der konservative Revolutionarismus, der ebenso die philosophischen Strategien der radikalen Überwindung nährt wie den Bruch mit dem Hitler-Regime, der – wie Hugo Ott aufgewiesen hat – aus der unmittelbaren Enttäuschung rührte, daß dem revolutionären Drang des Philosophen nach dem Auftrag als philosophischer Führer die Anerkennung versagt blieb.

Dies alles, durchaus in den Texten selber ablesbar, wurde von den Hütern der orthodoxen Lektüre abgewehrt. Diese, in ihrer Einzigartigkeit und Differenz gefährdet durch die Fortschritte der Wissenschaft, die sich ihrem Zugriff entzieht, klammern sich vielmehr, gleich gestürzten Aristokraten, an eine Philosophie der Philosophie, deren exemplarischen Ausdruck ihnen Heidegger mit der Grenzziehung zwischen Ontologie und Anthropologie lieferte. Freilich schieben sie damit nur den Zeitpunkt hinaus, an dem auch sie sich nach den Gründen der besonderen Blindheit der Professionellen der Klarsicht fragen müssen, deren Inbegriff einmal mehr durch Heidegger gegeben ist und die sie mit ihrer Haltung, vor den Tatsachen weiterhin die Augen zu verschließen, und ihrem hochmütigen Schweigen wiederholen und bestätigen.

Einführung
Ein scheeles Denken*

> *louche:* schielend, scheel, übersichtig;
> *l'envie est louche,* der Neid urtheilet nie recht;
> *une expression louche,* eine zweydeutige Redensart;
> *vin louche,* Wein, der ein wenig trüb ist
>
> (*Dictionnaire françois-allemand,* o. J., o. O.)

Kaum ein anderes Denken dürfte in seiner Raum- und Zeitdimension so tiefgreifend festgelegt sein wie die – laut Croce – »reine Philosophie« Heideggers.[1] Kein Problem der Epoche, keine von den »konservativen Revolutionären« darauf gegebene Antwort, die nicht in diesem absoluten Werk präsent wären – freilich in sublimierter und als solche unkenntlich gemachter Gestalt. Und doch: Kaum ein anderes Werk ist auf eine so weitgehend unhistorische Weise gelesen worden. Selbst jene, die am entschiedensten die nationalsozialistischen Verstrickungen und Zugeständnisse des Autors von *Sein und Zeit* anprangerten, haben es immer vermieden, in den Texten selbst nach Hinweisen, Geständnissen und Spuren zu suchen, aus denen sich das politische Engagement ihres Autors hätte erschließen oder erhellen lassen.

Dennoch wäre es ein fruchtloses Unterfangen, die These vom steten und allgegenwärtigen Bezug auf die historische Situation und den kulturellen Kontext dadurch überzeugend erhärten zu wollen, daß man etwa

---

* (im Original: Une pensée louche, A. d. Ü.)

das Denken Heideggers minder intelligent verbrämten Diskursen, die – *bis auf das System* – ihm äquivalent sind, annäherte. Die relative Autonomie des philosophischen Produktionsfeldes bewirkt, daß derartige Vergleiche *ebenso* zum Beweis der Abhängigkeit wie der Unabhängigkeit herangezogen werden können. Paradoxerweise ist es gerade der Feld-Effekt, das heißt der von den spezifischen Zwängen des philosophischen Mikrokosmos auf die Produktion der philosophischen Diskurse ausgehende Effekt, durch den die Illusion der absoluten Autonomie ihre objektive Begründung erfährt und der angeführt werden kann, um *a priori* jene Angleichung zu untersagen oder zurückzuweisen: zwischen dem Werk Heideggers, dem konservativen Revolutionär *in der Philosophie*, also im relativ autonomen Feld der Philosophie, und den Werken von Ökonomisten wie Sombart und Spann oder politischen Essayisten wie Spengler und Jünger, die man tatsächlich in große Nähe zu Heidegger zu rücken versucht wäre, dürfte gerade in diesen Dingen nicht nach der *ceteris paribus*-Maxime vorgegangen werden. Die angemessene Analyse basiert auf einer doppelten Weigerung: Sie weist sowohl den Anspruch des philosophischen Textes auf absolute Autonomie und die damit einhergehende Ablehnung jedes Außenbezugs zurück als auch die unmittelbare Reduktion des Textes auf die allgemeinsten Bedingungen seiner Produktion. Die Unabhängigkeit kann durchaus anerkannt werden, vorausgesetzt, man sieht klar, daß dies nur eine andere Bezeichnung darstellt für die Abhängigkeit von den spezifischen internen Funktionsgesetzen des philosophischen Feldes; es kann auch die Abhängigkeit anerkannt werden, vorausgesetzt, man stellt die systematischen Transformationen in Rechnung, die deren Auswirkungen dadurch erfahren, daß sie sich nur über die besonderen Mechanismen des philosophischen Feldes vollziehen.

Die Trennung von politischer und philosophischer Lektüre ist folglich aufzugeben; statt dessen sind die durch ihre *Ambiguität*, das heißt den Bezug auf zwei soziale und zwei damit korrespondierende mentale Räume, ausgezeichneten Schriften einer gleichermaßen politischen wie philosophischen *Doppellektüre* zu unterwerfen. Weil Adorno die relative Autonomie des philosophischen Feldes ignoriert, bezieht er zu unvermittelt die relevanten Merkmale von Heideggers Philosophie auf Besonderheiten der Klassenfraktion, der dieser angehört: Dieser »Kurzschluß« verleitet ihn zwangsläufig dazu, diese archaisierende Ideologie zum Ausdruck einer Gruppe von Intellektuellen zu stempeln, die durch die Industriegesellschaft überholt und bar jeder Unabhängigkeit und wirtschaftlichen Macht sind. Es steht hier außer Frage, diesen Zusammenhang zu bestreiten, noch die Beziehung, die Adorno zwischen den Themen der Angst und der Sinnlosigkeit und der faktischen Ohnmacht der Produzenten dieser Themen herstellt – zumal nicht nach dem Buch Ringers, der die Hinwendung der von ihm so genannten »deutschen Mandarine« zum reaktionären Konservatismus auf deren sinkende Stellung innerhalb der Struktur der herrschenden Klasse zurückführt. Doch da Adorno es unterläßt, die entscheidende Vermittlung, nämlich die bestimmenden Positionen des philosophischen Feldes und deren Beziehung zu den grundlegenden Gegensätzen des philosophischen Systems, begrifflich zu fassen, entgeht ihm auch unausweichlich das Prinzip der Alchimie, die den philosophischen Diskurs vor der handgreiflichen Reduktion auf die Klassenposition seines Produzenten schützt, und zugleich verbaut er sich auch die Erklärung dessen, was als das Wesentliche zu gelten hat: der Effekt der philosophischen Formgebung.

Kritiker, die die Philosophie ihrer Verbindung zum Nationalsozialismus wegen verwerfen, wie Lobredner, die die Philosophie von der Zugehörigkeit zum Nationalsozialismus abtrennen: ihnen allen ist gemeinsam, davon abzusehen, daß die Philosophie Heideggers auch nichts anderes sein könnte als die von der eigentümlichen Zensur des philosophischen Produktionsfeldes aufgezwungene philosophische *Sublimierung* der politischen oder ethischen Prinzipien, die der Zustimmung des Philosophen zum Nationalsozialismus bestimmend zugrunde lagen. In ihrem Eigensinn, die biographischen Fakten zu durchleuchten, ohne sie mit der immanenten Logik des Heideggerschen Werkes in Beziehung zu setzen, akzeptieren am Ende dessen Gegner die von den Apologeten getroffene Unterscheidung zwischen einer »kritischen Aufbereitung der Fakten« und der »Hermeneutik von Texten«.[2] Auf der einen Seite also die Biographie mit ihren öffentlichen und privaten Ereignissen: die Geburt am 26. September 1889 in Meßkirch, einem kleinen Dorf im Schwarzwald, die Familie von kleinen Handwerkern abstammend, Besuch der Volksschule in Meßkirch, des Gymnasiums in Konstanz und Freiburg i. Br.; 1909 Einschreibung an der Universität von Freiburg, Studium der Theologie und Philosophie, die Promotion 1913 usw.; nebenbei der Eintritt in die NSDAP, eine Rektoratsrede und einiges Schweigen. Auf der anderen Seite die intellektuelle Biographie, »reingewaschen« von allem Bezug auf Ereignisse des alltäglichen Daseins des Philosophen. In dieser Hinsicht bildet das »Verzeichnis der Vorlesungen und Übungen von M. Heidegger« von 1915 bis 1958 ein exemplarisches Dokument: Auf die allein für legitim erachtete weltliche Praxis, die philosophische Lehre, und vorzüglich auf deren offizielle Seite beschränkt[3], wird der Denker ganz eins mit dem Denken, geht das Leben auf im nunmehr als selbstgenügsames und selbsterzeugendes Wesen konstituierten Werk.

Und dennoch können noch die reduktionistischsten Kritiker nicht umhin, frappiert zu sein vom gleichzeitigen Vorhandensein bestimmter, für den philosophischen Ideolekt Heideggers typischer Worte (*Wesen des Seins, menschliches Dasein, Wesenswille, Geschick, Verlassenheit* usw.) an der Seite eines wiederum typisch nazistischen Vokabulars und dem »Anklang an Leitartikel des *Völkischen Beobachter* und an Goebbelsreden«[4], gerade auch in den handgreiflich politischen Schriften.[5] Es ist bezeichnend, daß die Rektoratsrede vom 27. Mai 1933, so häufig angeführt, um Heideggers Zugehörigkeit zum Naziregime unter Beweis zu stellen, in einer derart reinen und rein immanenten Geschichte des Heideggerschen Denkens wie der von Richardson ihren Platz finden kann.[6] Vermutlich hat sich der Autor dieser von allem Anstößigen gereinigten Geschichte nicht wenig Mühe gemacht, um eine zeitgebundene Stellungnahme als vollkommen konsequente Anwendung, *applicatio* im Gadamerschen Sinn, der philosophischen Theorie erscheinen zu lassen (zum Beispiel mit der Attacke gegen die objektive Wissenschaft). Karl Löwith indes hat die Zwieschlächtigkeit jener Rede klar formuliert: »Verglichen mit den zahllosen Broschüren und Reden, die nach dem Umsturz die gleichgeschalteten Professoren von sich gaben, ist Heideggers Rede höchst philosophisch und anspruchsvoll, ein kleines Meisterwerk an Formulierung und Komposition. Gemessen mit dem Maßstab der Philosophie ist sie eine einzige Zweideutigkeit, denn sie versteht es, die existentialontologischen Kategorien dem geschichtlichen ›Augenblick‹ (*Sein und Zeit*, § 74) in einer Weise dienstbar zu machen, daß sie den Anschein erwecken, als könnten und müßten ihre philosophischen Absichten mit der politischen Lage a priori zusammengehen und die Freiheit des Forschens mit dem staatlichen Zwang. Der Arbeits- und Wehrdienst wird eins mit dem Wissensdienst, so daß man am Ende des Vortrags nicht weiß, ob man Diels' *Vorsokratiker* in die Hände nehmen soll oder mit der SA marschieren. Man kann darum diese Rede weder bloß politisch noch rein philosophisch beurteilen.«[7]

Wie es falsch wäre, Heidegger, der Affinität seines Denkens mit dem von Essayisten wie Spengler und Jünger wegen, ausschließlich in den politischen Raum zu versetzen, so nicht minder, wollte man ihn nur im »eigentlich« philosophischen Raum, das heißt innerhalb der relativ-autonomen Geschichte der Philosophie, verorten, etwa unter Berufung auf seinen Gegensatz zum Neukantianismus. Die prägnantesten Merkmale und Wirkungen seines Denkens finden gerade in dieser doppelten Referenz ihr Prinzip. Dessen adäquates Verständnis setzt denn auch voraus, daß man jene doppelte Bezugnahme, die Heideggers politische Ontologie – eine politische Stellungnahme, die sich allein philosophisch äußert – praktisch vollzieht, auf bewußte und methodische Weise nachvollzieht.

Gegen ihre Objektivierung sind die gelehrten Diskurse noch immer am wirksamsten durch den enormen Umfang der Aufgabe gefeiht, als die sich die Aufdeckung des umfassenden Systems der Beziehungen, woraus sie ihre Daseinsberechtigung ziehen, erweist. Es ginge im vorliegenden Fall also um nichts mehr und nichts weniger als um die umfassende Rekonstruktion der Struktur des philosophischen Produktionsfeldes – einschließlich der Geschichte, aus der sie hervorgeht –, der Struktur des universitär-akademischen Feldes, die der Professorenschaft ihre »Landschaft«, wie Heidegger zu sagen beliebt, wie auch Funktion zuweist, der Struktur des Macht-Feldes, worin die zeitgenössische wie künftige Stellung der Professoren ihre Bestimmung erfährt, und so immer weiter bis hin zur Rekonstruktion der gesamten Gesellschaftsstruktur Deutschlands während der Weimarer Republik.[8] Man braucht sich nur den Umfang dieses Unternehmens vor Augen zu führen, um sogleich voraussagen zu können, daß die wissenschaftliche Analyse zwangsläufig die geballte Kritik ebenso der Hüter der Form, die jeden anderen Zugang zum Werk als dessen immanente Betrachtung als Sakrileg oder als vulgär verdammen, wie auch derer auf sich ziehen wird, die, im Wissen darüber, was »in letzter Instanz« zu denken sei, keine Mühe haben werden, sich *im Gedanken* an das Ende der Analyse zu versetzen, um von dort die unvermeidlichen Beschränkungen einer jeden Analyse *in actu* zu denunzieren.[9]

I
Die reine Philosophie und der Zeitgeist

»In unserer bedenklichen Zeit«: Heidegger spricht. Er muß beim Wort genommen werden. Nicht minder, wenn er vom *»Bedenkliche(n)«* oder *»Bedenklichste(n)«* spricht.¹ Selbst wenn er daraus prophetische Effekte zieht (»wir denken noch nicht«), sagt Heidegger die Wahrheit, wenn er behauptet, das Bedenkliche zu denken, oder auch, wie er es nennt: eine *Umsturzsituation*. Er hat nie aufgehört, auf seine Weise die tiefe Krise zu reflektieren, die Deutschland heimgesucht hat; oder genauer, die Krise Deutschlands und der deutschen Universität haben nie aufgehört, durch ihn hindurch sich zu reflektieren und zum Ausdruck zu bringen. Der Erste Weltkrieg, die (partielle) Revolution vom November 1918, die, indem sie der Möglichkeit einer bolschewistischen Revolution konkrete Konturen verleiht, bei den Konservativen ein bleibendes Trauma hinterläßt, bittere Enttäuschung dagegen bei den Schriftstellern und Künstlern (wie Rilke und Brecht), die sich einen Moment lang für sie begeistert haben², die politischen Morde (deren Täter nicht selten ungestraft davonkommen), der Kapp-Putsch und andere Versuche zur gewaltsamen Untergrabung der Republik, die Kapitulation, der Versailler Vertrag, die französische Ruhr-Besetzung und die territorialen Abtretungen, die dem Geist des *Deutschtums* als einer Sprach- und Blutsgemeinschaft einen bitteren Schlag versetzen, die enorme Inflation zwischen 1919 und 1924, die vor allem den *Mittelstand* trifft, die kurzfristige sogenannte *Prosperitäts*periode, die abrupt den Zugriff der Technik und der Ar-

beitsrationalisierung bringt, schließlich die große Depression von 1929: alle diese Ereignisse führen ihr Teil an traumatisierenden Erfahrungen mit sich und prägen, graduell verschieden und mit wechselnden Auswirkungen, auf Dauer das Gesellschaftsbild einer ganzen Generation von Intellektuellen. Ihren mehr oder minder euphemisierten Ausdruck finden diese Erfahrungen ebenso in den unzähligen Betrachtungen zum »Massenzeitalter« und zur »Technik« wie in der expressionistischen Malerei, Dichtung und Filmkunst, in jener gleichsam konvulsivischen und pathetischen Vollendung der im Wien der Jahrhundertwende begonnenen Bewegung, als die sich die »Weimarer Kultur« erweist, mit all ihrer Heimsuchung durch die »Zivilisationskrankheit«, ihrer Faszination durch Krieg und Tod, ihrer Revolte gegen die technische Zivilisation und die waltenden Mächte.

In diesem Umfeld nun entfaltet sich, zunächst noch in Randbezirken der Universität, jene ganz und gar originelle *ideologische Gestimmtheit*, mit der nach und nach das gesamte Bildungsbürgertum durchtränkt wird. Ob diese metaphysisch-politische Vulgata gleichsam eine Vulgarisierung gelehrter ökonomischer oder philosophischer Theorien oder aber das eigenständige Produkt einer unablässigen Erfindungsleistung darstellt, ist schwer auszumachen. Was an einen Prozeß der »Vulgarisierung« denken läßt, ist die Tatsache, daß sich eine ganze Abstufung von Ausdrücken findet, die zwar äquivalente Funktionen erfüllen, aber dies hinsichtlich der *Form*, das heißt der Euphemisierung und Rationalisierung, auf einem immer niedrigeren Anspruchsniveau: Spengler, der als »Vulgarisator« von Sombart und Spann erscheint, wird seinerseits »vulgarisiert« von den Studenten und jungen Lehrern aus der »Jugendbewegung«, die das Ende der

»Entfremdung« – ein Schlüsselwort der Epoche, allerdings synonym mit »Entwurzelung« verwendet – durch die »Verwurzelung« im Heimatboden, in Volk und Natur (mit Waldgängen und Bergtouren) erstreben, die die Tyrannei des Intellekts und des Rationalismus anprangern, der seine Ohren den freundschaftlichen Stimmen der Natur verschließt, die schließlich die Rückkehr zu Bildung und *Innerlichkeit*, das heißt den Bruch mit der materialistischen und gemeinen Jagd nach Komfort und Profit, predigen. Allerdings findet die Verbreitung auch in die umgekehrte Richtung statt.

Dieser wirre, synkretistische Diskurs bildet nur die unscharfe und matte Objektivierung einer kollektiven *Stimmung*, deren Sprecher selbst nur Echos darstellen. Die *völkische* Stimmung ist grundlegend eine Disposition gegenüber der Welt, die, auf diskursive Objektivierungen oder andere Ausdrucksformen nicht zurückführbar, an einer bestimmten körperlichen *Hexis*, einem spezifischen Verhältnis zur Sprache, wie auch, was aber nicht zum Wesentlichen gehört, an einer Reihe literarischer und philosophischer Paten – Kierkegaard, Dostojewski, Tolstoi, Nietzsche – und ethisch-politisch-metaphysischer Thesen wiederzuerkennen ist. Man sollte sich also auch nicht allzusehr von der Suche nach Quellen bestricken lassen: Natürlich gibt es, bereits seit dem 19. Jahrhundert, Paul de Lagarde (geboren 1827), Julius Langbehn (geboren 1851) und, zeitlich näher, Othmar Spann (geboren 1878), der Adam Müller fortsetzt, oder Diederichs, Herausgeber der *Tat*, dessen »neue Romantik« einen enormen Einfluß bis zu seinem Tod im Jahre 1927 ausübt; es gibt die unzähligen Historiker, die eine von der rassistischen Theorie Houston St. Chamberlains, die dieser selbst aus seiner Lektüre der *Germania* von Tacitus geschöpft hatte, beherrschte Sicht des Germanentums vermitteln; es gibt die *völkischen* Romanschreiber und die *Blubo-Literatur*, deren Verherrlichung des Landlebens, der Natur und der Rückkehr zur Natur; es gibt die esoterischen Zirkel wie die »Kosmiker« von Klages und Schuler und alle nur denkbaren Ausprägungen der Suche nach spiritueller Erfahrung; es gibt die *Bayreuther Blätter*, eine antisemitische Zeitschrift des gereinigten und heroischen Wagnerschen Deutschland, und die glanzvollen nationalen Theateraufführungen; es gibt die rassistische Biologie und Philologie des Ariertums und das Recht à la Carl Schmitt; es gibt den Unterricht in *völkischer* Ideologie, vor allem die *Heimatkunde*, jene Schwärmerei für das angestammte Land, und die ihnen einen ausgezeichneten Platz einräumenden Lesebücher. In diesen aus allen Ecken und Enden hervorschießenden »Quellen« wird die grundlegende Eigenschaft einer ideologischen Konfiguration vermittelt, ein Gefüge aus Worten, die gleichsam als Aufschreie der Extase oder der Entrüstung fungieren, und uminterpretierten halb-wissenschaftlichen Themen, »spontanen« Hervorbringungen individueller Erfindungsgabe, die, da auf der Orchestrierung der Habitusformen und der affektiven Übereinstimmung von wechselseitig geteilten Phantasmen gegründet, objektiv aufeinander abgestimmt sind und den Anschein ebenso der Einheit wie der grenzenlosen Originalität vermitteln.

Freilich bildet die *völkische* Stimmung und Gestimmtheit auch ein Gesamt von Fragen, anhand deren sich die Epoche selbst »bedenkt«: Fragen, so verworren wie seelische Zustände und zugleich doch auch bohrend und zwanghaft wie Phantasmen, nach der Technik, den Arbeitern, der Elite, dem Volk, nach Geschichte und Vaterland. Was Wunder, wenn diese Problematik des Pathos ihren bevorzugten Ausdruck im Film findet, so mit den Massenszenen von Lubitsch oder den Menschenschlangen in den Filmen von Pabst (paradigmatische Darstellungen des *Man*) oder mit jenem Kondensat gleichsam aller Problem-Phantasmen: *Metropolis* von Fritz Lang[4], eine anschaulich-einprägsame Umsetzung von Jüngers *Der Arbeiter*.[5]

Es ist ihr verschwommener und synkretistischer Charakter, an der Grenze zum rationalen Ausdruck stehend, der die *völkische* Ideologie in der Literatur, vor allem aber auch im Film ihre angemessenste Darstellung finden läßt. Diesbezüglich stellt Siegfried Kracauers Buch *Von Caligari zu Hitler. Eine psychologische Geschichte des deutschen Films* (Frankfurt am Main 1984) zweifellos eine der besten Vergegenwärtigungen des Geistes der Epoche dar. Neben der gleichsam zwanghaften Präsenz von Straßen und Massen bleiben Themen wie das des »patriarchalischen Absolutismus« in *Ein Glas Wasser* und *Der verlorene Schuh*, beides Filme von Ludwig Berger, die »›die bessere Zukunft‹ als Rückkehr in die gute alte Zeit« entwarfen (S. 117), sowie das der »inneren Verwandlung«, die »mehr zählt als jede Veränderung der Außenwelt« (S. 118), nachdrücklich im Gedächtnis haften. Daß gerade das letzte Thema dem deutschen Kleinbürgertum sehr am Herzen lag, bezeugt nicht zuletzt der damals gewaltige Erfolg der von Moeller van den Bruck übersetzten Bücher Dostojewskis.[6] Ein weiterer glänzender Erfolg war schließlich einem dritten Motiv, dem der »Bergwelt«, beschieden. Mit ihm entstand ein »Filmgenre«, »das ausschließlich deutsch war« (S. 119). Zu ihm zählen, neben anderen, sämtliche Filme von Dr. Arnold Franck, der sich diese »Mischung aus glitzernden Eispickeln und hochtrabenden Gefühlen« gleichsam zu seiner Spezialität erkoren hatte (S. 120). Tatsächlich war, wie Kracauer festhält, die »Botschaft der Berge, die Franck durch solche großartigen Aufnahmen zu verbreiten suchte, ... das Glaubensbekenntnis vieler Deutscher, ob mit oder ohne akademische Titel, einschließlich eines Teils der Universitätsjugend. Lange vor dem Ersten Weltkrieg verließen Gruppen von

Münchner Studenten die langweilige Hauptstadt, um jedes Wochenende in den nahegelegenen bayerischen Alpen ihrer Leidenschaft zu frönen (...). Im erhabenen Gefühl, es Prometheus gleichzutun, erklommen sie einen gefährlichen ›Kamin‹, rauchten dann ruhig ihre Pfeifen auf dem Gipfel und sahen mit unendlichem Stolz auf die ›Talschweine‹ herab – die plebejischen Massen, die sich nie in jene hehren Höhen begeben würden.« (S. 120)

Spengler, der sehr wohl ein Gespür für diesen Wandel der kollektiven Stimmung aufbrachte, beschwört diese ideologische Atmosphäre: »Das faustische Denken beginnt der Technik *satt zu werden*. Eine Müdigkeit verbreitet sich, eine Art Pazifismus im Kampfe gegen die Natur. Man wendet sich *zu einfacheren, naturnäheren* Lebensformen, man treibt Sport statt technischer Versuche, man haßt die *großen Städte*, man möchte aus dem Zwang *seelenloser Tätigkeiten*, aus der Sklaverei der Maschine, aus der klaren und kalten Atmosphäre *technischer Organisationen* heraus. Gerade die starken und schöpferischen Begabungen wenden sich von den *praktischen Problemen* und *Wissenschaften* ab und der *reinen Spekulation* zu. *Okkultismus* und *Spiritismus, indische Philosophien, metaphysische Grübeleien* christlicher oder heidnischer Färbung, die man zur Zeit des Darwinismus verachtete, tauchen wieder auf. Es ist die Stimmung Roms zur Zeit des Augustus. Aus Lebensüberdruß flüchtet man aus der *Zivilisation* in primitivere Erdteile, ins *Landstreichertum*, in den Selbstmord.«[7] Von einer weitaus distanzierteren Warte aus und folglich objektiver vermittelt auch Ernst Troeltsch eine ähnliche Globalanschauung dieses Systems von Attitüden, in einem Artikel von 1921, der die großen Züge jener Jugendbewegung nachzeichnet. Deren Merkmale: »... Abneigung gegen Drill und Disziplin, gegen die Erfolgs- und Machtideologie, gegen die Übermaße und Äußerlichkeit des von den Schulen uns eingestopften Wissens, gegen Intellektualismus und Literatentum, gegen Großstadt und Unnatur, gegen Materialismus und Skepsis, gegen die Herrschaft von Geld und Prestige«; in den Wissenschaften notiert er das »Bedürfnis nach Synthese, System, Weltanschauung, Gliederung und Stellungnahme«, vermerkt den steigenden Zweifel an der »Mathematisierung und Mechanisierung der gesamten europäischen Philosophie seit Galilei und Descartes ... Auf dem Gebiete der Geistes- und Geschichtswissenschaften wehrt man sich gegen die Tyrannei des Entwicklungsbegriffes, gegen die bloßen Summierungen und kritischen Feststellungen.« Die »geistige Revolution«, das hieß – wie er in einem anderen Artikel von 1921 dartut – das Bedürfnis nach »einer neuen Ursprünglichkeit und Innerlichkeit, einer neuen geistigen Aristokratie, die dem Rationalismus und dem Nivellement der Demokratie ein Gegengewicht bietet, die insbesondere der geistigen Öde des Marxismus ... eine feinfühligere und organischer zusammenfassende Geistigkeit gegenüberstellt«, hieß jedoch auch die tendenzielle Preisgabe des »kritischen und exakten Apparat(s), (der) Strenge des Denkens und der Forschung«.[8]

Der *völkische* Diskurs, diese an Gebildete gerichtete Bildungsbotschaft[9], gedeiht zunächst an den Rändern der akademischen Institution, in mondänen Zirkeln und künstlerisch-intellektuellen Gruppierungen, bis er dann in den Universitäten selbst Fuß faßt, zunächst bei den Studenten und unteren Lehrkräften, schließlich, am Ende eines komplexen dialektischen Prozesses, worin Heideggers Werk ein Moment ausmacht, bei den Meistern selbst. Die wirtschaftlichen und politischen Ereignisse pflanzen sich fort in der spezifischen Krise des universitären Feldes, die durch vielerlei ausgelöst wird: die Studentenschwemme[10] und die unsicheren Berufsperspektiven, das Auftreten eines akademischen Proletariats, das verurteilt ist, entweder »unterhalb des Universitätsniveaus zu lehren« oder aber am Rande der Universität sich durchzuschlagen (so der geistige Mentor Hitlers, D. Eckart, ein kümmerlicher Herausgeber der kleinen Münchner Zeitschrift *Auf gut Deutsch*), schließlich auch das inflationsbedingte Sinken des wirtschaftlichen und sozialen Status der Professoren, die nicht selten konservativ und nationalistisch gesinnt sind, wenn sie nicht sogar Fremdenhaß und Antisemitismus predigen.[11] Geschürt wird die Krise nicht zuletzt auch durch Staat und Großindustrie, die der Universität einen stärker praxisorientierten Unterricht mit veränderten Erwartungen und Zielsetzungen abverlangen, wie durch die Kritik politischer Parteien, die nach 1919 die Bildungsreform in ihre Programme aufgenommen hatten und nun gegen die elitären geistigen Traditionen der Universitäten zu Felde ziehen.[12]

Zu dem intellektuellen Proletariat der »Doktoren, die mangels Lehrstühlen gezwungen waren, unterhalb des Universitätsniveaus zu lehren«[13], und der untergeordneten »wissenschaftlichen Arbeiter«, die sich in dem Maße vermehren, wie die großen Forschungsinstitute »staatskapitalistische Unternehmungen«[14] werden, stoßen dann auch all jene gleichsam ewigen Studenten, die durch das deutsche Universitätssystem sich langfristig in unteren Lehrpositionen halten können. So besteht in den Mauern der Universität selbst eine »freie Intelligenz«, die durch rigidere Systeme wohl in literarische Kaffeehäuser verbannt worden wäre: Buchstäblich zerrissen durch die Diskrepanz zwischen geistiger Behandlung und materieller

Offerte seitens der Universität, ist ihr die Rolle einer Avantgarde, die das kollektive Schicksal der in ihren ökonomischen und symbolischen Privilegien bedrohten Universitätszunft spürt und ankündigt, förmlich auf den Leib geschrieben.[15]

Verständlich wird, daß die damals so genannte »Universitätskrise« einhergeht mit einer, wie Aloys Fischer es bezeichnet, »Krise der Autoritäten« und einer Neudefinition der Grundlagen der professoralen Autorität: Wie alle Formen mystischen oder spiritualistischen Irrationalismus bildet der Anti-Intellektualismus noch immer ein probates Mittel zur Anfechtung des universitären Tribunals und seiner Urteile. Doch vermochte er schon deshalb nicht in eine tiefgreifende Infragestellung der Bildungseinrichtungen zu münden, weil, wie Fischer ebenfalls bemerkt, er sich dabei an intellektuellen Traditionen rieb, die unter den Professoren selbst traditionell in Mißkredit standen: der naturalistische Positivismus, der Utilitarismus usw.[16] Der objektive Positionsverlust der Professorenschaft sowie die Krise, von der seit Ende des 19. Jahrhunderts vornehmlich die »geisteswissenschaftlichen Fakultäten« betroffen wurden (mit dem Siegeszug der Natur- und der Humanwissenschaften und der damit einhergehenden Erschütterung der akademischen Hierarchien), ließen am Ende zwangsläufig auch die Universitätsprofessoren in das Wehklagen über den Untergang des Abendlandes, seiner Kultur oder Zivilisation, mit einstimmen: Die konservative Entrüstung, die sich nach 1918 innerhalb der deutschen Universität breitmacht, dabei sich von bloßen Schlagworten oder Gemeinplätzen nährend, wie dem Lamento über den »Individualismus« (oder »Egoismus«), der Anprangerung von »materialistischen und utilitaristischen Strömungen« und der Krise der Wissenschaft usw., rührt in ihrer politisch konservativen und antidemokratischen Färbung her aus ihrer reaktiven Frontstellung gegenüber dem von den Linksparteien ausgehenden (und zumindest teilweise von den Humanwissenschaften, besonders der Soziologie, getragenen) Angriff auf die akademischen Normen und die geistesaristokratischen Ideale der deutschen Universität. Fritz Ringer macht auf viele dieser Worte aufmerksam, die, gleich bloßen emotionalen Stimuli wirkend, auf das Gesamt einer politischen Weltsicht verweisen: So beschwören Ausdrücke wie »Zersetzung« oder »Dekomposition« nicht nur die Abschwächung der natürlichen, irrationalen oder ethischen Bindungen zwischen den Menschen in einer »Industriegesellschaft«, sondern darüber hinaus auch die rein intellektuellen Verfahren, die dadurch zur Zerstörung der traditionalen Fundamente des gesellschaftlichen Zusammenhangs geführt haben, daß sie sie einer kritischen Analyse unterzogen. Bis zur Genüge zitiert er all die antimodernistischen, antipositivistischen, antiwissenschaftlichen, antidemokratischen usw. Äußerungen, die als Antworten der deutschen Professoren auf die Krise nicht der Kultur und Bildung, wie sie erklären, sondern ihres kulturellen Kapitals zu gelten haben.

»Von allen Seiten umdrängt uns das Zerstörende und Zerschwätzende, das Willkürliche und Formlose, das Nivellierende und Mechanisierende dieser maschinellen Zeit, die methodische Zersetzung alles Gesunden und Edlen, die Verhöhnung alles Starken und Ernsten, die Entwürdigung alles Göttlichen, was die Menschen emporhebt, indem sie ihm dienen.[17] – Wie die Menschenmassen tagtäglich gleich Sklaven und Maschinenautomaten seelenlos, gedankenstumpf und mechanisch die Tretmühle ihres Lebens treten, ... so erscheint ihrem technisierten schablonenhaften Denken auch alles Geschehen in der Natur und in der

Gesellschaft in der flachsten Mechanisierung: alles, so glaubt man, ... sei wie die mittelmäßigen Dutzendwaren der Fabrik gleicher Durchschnitt höchst mittelmäßiger Art, alles sei gleich und nur als Nummer zu unterscheiden. Es gebe keinen Unterschied zwischen Rassen, Völkern, Staaten, keinen Rang der Begabung und Leistung, keine Überlegenheit des einen über den anderen, und wo die Lebenshaltung tatsächlich noch verschieden ist, erstrebt man, neidisch auf Geburtsadel, auf Bildung, auf Kultur, die völlig gleiche Ebene.«[18]

Wann immer der professionelle Denker die soziale Welt gedanklich zu fassen glaubt, ist es immer schon Gedachtes, woran er sich abarbeitet: Dies gilt für Hegels geliebte Zeitung wie für die Erfolgsbücher der politischen Essayisten oder die Werke seiner Kollegen, die wohl alle von dieser Welt sprechen, aber doch auf eine mehr oder minder intelligent verbrämte Art und Weise. Die Äußerungen solcher Hochschullehrer wie Werner Sombart oder Edgar Salin, Carl Schmitt oder Othmar Spann, solcher Essayisten wie Moeller van den Bruck oder Oswald Spengler, Ernst Jünger oder Ernst Niekisch, sowie die unzähligen Versionen der konservativen bzw. »konservativ-revolutionären« Ideologie, die tagtäglich von den deutschen Professoren vom Katheder herab gepredigt werden oder sich in deren Artikeln niederschlagen, stellen für Heidegger (wie er für sie und sie untereinander) Denkobjekte einer freilich ganz besonderen Art dar, bilden sie doch (bis auf die spezifischen Denk- und Ausdrucksmuster) annähernd gelungene Objektivierungen seiner eigenen ethisch-politischen Stimmungen.

Um eine Vorstellung dieser unzähligen thematischen und lexikologischen Begegnungen zu vermitteln, worin sich die Elemente zudem wechselseitig verstärken, müßte im Grunde das umfassende Werk der Sprachrohre des

Zeitgeistes wiedergegeben werden, die, indem sie die gemeinsamen Dispositionen auf besonders gelungene Weise objektivieren, die Gruppe als ganze zum Ausdruck bringen und die mentalen Strukturen nachdrücklich mit prägen. Gedacht ist in diesem Zusammenhang nicht zuletzt an Spengler und dessen 1931 erschienenes Büchlein *Der Mensch und die Technik* (München 1931). In ihm findet sich, in kondensierter Form, der ideologische Gehalt seines monumentalen *Der Untergang des Abendlandes*, jenes zweibändigen Werks (1918 und 1922), das in der Folge sich zu einem allgemeinen Bezugspunkt auswachsen sollte.

Die Denunziation der »Theorien eines plebejischen Rationalismus, Liberalismus und Sozialismus« *(Der Mensch und die Technik, l. c.,* S. 65) hat als ihr Zentrum die Kritik des »trivialen Optimismus« (S. 5), des technischen Fortschrittsglaubens (S. 9), des »rosaroten Fortschrittsoptimismus« (S. 11), der in gleichsam Heideggerschen Worten gezeichnet wird als Flucht vor der Wahrheit des menschlichen Daseins, das »Vergänglichkeit, Entstehen und Vergehen« ist (S. 11): Es ist bezeichnend, daß gerade auch in diesem Kontext, wenn auch noch rudimentär, die Themen der Vorahnung des Todes (S. 10) und der Sorge, »ein Gefühl, das ein Wissen in die Ferne hinaus voraussetzt, um das, was kommen wird« (S. 24) als entscheidende Wesensmerkmale des Menschen entfaltet werden. Die Kritik der faustischen Wissenschaft, eines bloßen »Mythus«, der aber fundiert ist in einer »Arbeitshypothese«, die »die Geheimnisse der Welt rings um uns her nicht enthüllen, sondern bestimmten Zwecken dienstbar machen (will)« (S. 66 f.), und des *teuflischen* Willens zur Herrschaft über die Natur, die in den »Glauben an die Technik«, eine regelrechte »materialistische Religion« (S. 71), münden, vollendet sich in der (einmal mehr Heideggers *Das Wesen der Technik* ankündigenden) apokalyptischen Beschreibung der Herrschaft der Maschine über den Menschen (S. 75), der »Mechanisierung der Welt« und der Heraufkunft einer »künstliche(n) Welt« (Antithese zum »alte(n) Handwerk einer urwüchsigen Bevölkerung«) (S. 78 f.): »Alles Organische erliegt der um sich greifenden Organisation. Eine künstliche Welt durchsetzt und vergiftet die natürliche. Die Zivilisation ist selbst eine Maschine geworden, die alles maschinenmäßig tut oder tun will. Man denkt nur noch in Pferdekräften. Man erblickt keinen Wasserfall mehr, ohne ihn in Gedanken in elektrische Kraft umzusetzen.« (S. 78 f.)

Dieses zentrale Thema verknüpft sich, ohne ein einsichtiges logisches Band, mit der brutalen, sich bis zum Rassismus steigernden (S. 54, 86 ff.) Begeisterung für die »natürliche Stufung des Lebens«, die »in Starke und Schwache, Kluge und Dumme« scheidet (S. 61), mit der ungeschminkten Bekräftigung eines in der Biologie gründenden – als Gegensatz von Löwe und Kuh (S. 21), wie in jedem »zoologische(n) Garten zu sehen« – »natürlichen Rangunterschied(s)« (S. 52) zwischen »Genie und Talent« (S. 51), der die »Führernaturen«, die »Raubtiere«, das »Rudel der Begabten« abhebt von der »wachsenden Herde der andern« (S. 57), von der »Masse«, von den »nur eine Verneinung« (S. 83) darstellenden, dem »Genuß« (S. 57) ausgelieferten »Untermenschen« (S. 51). Das Band, im Zusammenwirken des »ökologischen« Themas einer »Rückkehr zur Natur« mit dem hierarchischen Thema des »Naturrechts« bezeugt, gründet sicher im gleichsam phantasmagorischen Wortspiel mit dem Begriff der *Natur*: Das ideologische Ausschlachten der Sehnsucht nach ländlicher Natur und des Unbehagens an der städtischen Kultur und Zivilisation beruht auf der stillschweigenden Gleichsetzung der Rückkehr zur Natur mit der Rückkehr zum Naturrecht, eine Gleichsetzung, die unterschiedlich vollzogen werden kann: in der Restaurierung der an die bäuerliche Welt gebundenen mystifizierten Verhältnisse patriarchalischen oder paternalistischen Typs, aber auch brutaler in der Berufung auf Unterschiede und Triebe, die vorgeblich der Natur (und speziell der *animalischen* Natur) universell eingeschrieben sind.

Diesen beiden zentralen Themen schließen sich, dem Diskurs eher zufällig, verwandte soziologische Problemkomplexe an: die Verdammung der »vollkommen gegennatürlichen« Stadt und der sich mit dieser herausbildenden »ganz künstlichen« sozialen Rangordnungen (S. 61), die Brandmarkung der Herrschaft des Denkens, der Vernunft, des Intellekts über das Leben und die Seele und über das Seelenleben (S. 46), die Begeisterung für den allesumgreifenden, totalisierenden Ansatz (»der physiognomische Takt«), der allein in der Lage sein soll, im Unterschied zu allen analytischen Aufgliederungen die Einheit des »einen, tätigen, kämpfenden, durchseelten Lebens« zu erfassen (S. 6, 9).

Der politische Wahrheitsgehalt dieser sich philosophisch gerierenden Betrachtungen offenbart sich ungeschminkt in dem 1920 veröffentlichten Pamphlet *Preussentum und Sozialismus*. Auch diese Schrift läßt den Ruf des Autors vom *Untergang des Abendlandes* als eines tiefsinnigen Denkers innerhalb der akademischen Gemeinschaft unangetastet. Spengler entwickelt hier die Theorie eines »preußischen Sozialismus« in Abhebung zu dem des »englischen Typus«, der materialistisch, kosmopolitisch und liberal ist: Die Deutschen müssen wieder an ihre Tradition anknüpfen, bei Friedrich II., beim autoritären Sozialismus, der, von Natur aus antiliberal und antidemokratisch, dem Ganzen den Vorrang einräumt gegenüber dem Individuum, das zu gehorchen hat. Zügen dieses »Sozialismus« spürt Spengler bis in die deutsche Sozialdemokratie Bebels nach: deren Sinn gleichsam für militärische Disziplin und kalte Entschlossenheit, deren Fähigkeit, für höhere Werte mutig zu sterben.

Eine genuin entstehungsgeschichtliche Sicht der Produktionslogik dieses Diskurses eröffnet der Blick auf Ernst Jünger, dem Heidegger mehrfach höchste intellektuelle Achtung zollte: Im Schutze von Freiheiten, die gemeinhin Gattungen zugebilligt werden, die wie Tagebuch und Roman die Kultivierung einzigartiger »seltener« »Erfahrungen« ebenso ermutigen wie ermächtigen, liefert Jünger unmittelbare Evokationen jener »Ursituationen«, in denen die kaschierten Prinzipien der häufig mühseligen Kunst des Essayisten: die *Urphantasien*, verwurzelt sind.[19]

»Mit Friedrich Georg [Jünger], der gestern seine Arbeit über die Technik beendete, im Zoo, wo *billiger Sonntag war*. Der Anblick der *Massen* ist bedrückend, doch darf man nicht vergessen, daß man sie mit den klaren Augen der Statistik sieht.« (»Gärten und Straßen«, in: Ernst Jünger, *Werke*, Bd. 2, Tagebücher II, S. 64) »Zwei Tage in *Hamburg*. Auch wenn man die *Großstädte* in kurzen Abständen besucht, fällt jedesmal der Zuwachs an *automatischem* Charakter auf.« (*l. c.*, S. 68) »Die *Besucher, die aus dem Lichtspiel strömen*, gleichen einer *Menge von Erwachenden*, und wenn wir in die *von mechanischer Musik erfüllten Räume* treten, teilt sich uns leicht ein wenig von der Stimmung einer Opiumhöhle mit« (*l. c.*, S. 69; alle Hervorhebungen von P. B.). Es fehlt nur noch die Beschwörung solcher Szenen, in denen die elitären Seelen ihren Rang erweisen können: »In den Nichtraucherabteilen ist es immer ein wenig leerer – so *schafft* schon eine *Askese* niederen Ranges den Menschen *Raum*« (*l. c.*, S. 100 f.; Hervorhebungen von P. B.).

Jetzt, da wir eine unmittelbare Anschauung vom Gesellschaftsbild dieses »konservativen Anarchisten« gewonnen haben, dieses von Sorelschem und Spenglerschem Gedankengut genährten Helden des Großen Krieges, der sich für Krieg, Technik und »totale Mobilmachung« begeistern und eine authentische deutsche Idee der Freiheit nicht in den Grundsätzen der *Aufklärung*, vielmehr in einer »deutschen« Verantwortlichkeit und »deutschen« Ordnung[21] suchen wird, der Rationalismus und bürgerliches Verlangen nach Sicherheit brandmarken und statt dessen eine als Kunst des Kämpfens und Sterbens begriffene Lebensform zelebrieren wird – jetzt kann auch die »Sozialphilosophie« unter die Lupe genommen werden, die in einem Werk wie *Der Waldgang*[22], einer minder anspruchsvollen und transparenteren Fassung der Thesen aus *Der Arbeiter*, ihren Niederschlag findet. Aufgebaut ist dieses Werk um eine Reihe von Gegensatzpaaren, deren Zentrum in der Antithese zwischen dem scheinbar allegorisch zum Helden stilisierten Arbeiter einerseits und dem Waldgänger andererseits vorliegt. Der erste verkörpert das »technische Prinzip«, ist durch »das Technische, das Typische, das Kollektive« auf einen »vollautomatisierten Zustand«[23] reduziert und der Sklaverei von Technik und Wissenschaft, dem Komfort unterworfen, vermag nur zu leiden[24], ist, kurz gesagt, jeder x-Beliebige, eine bloße »Ziffer«, deren mechanische, rein statistische Summierung die »Massen« ergibt, das heißt die »kollektiven Mächte« der »Niederungen«, die in der Ära der Gratistarife überall, auch in den bisher verschonten Orten, an Raum gewinnen.[25] Diesem Negativgeschöpf aller Determinismen der »technischen« Zivilisation steht gegenüber der »Waldgänger«[26], der Dichter, der Einzige, der Führer, dessen »Reich« (hoch, erhaben usw.) der »Ort der Freiheit«: der »Wald«, ist. »Der Waldgang«, ein »bedenklicher Ausflug..., der nicht nur über *vorgebahnte Pfade*, sondern auch über die Grenzen der Betrachtung hinausführen wird«[27] – wem fallen da nicht die *Holzwege* ein? –, verspricht die Rückkehr zum »Mutterboden«, zu den »Quellen«, zu den »Stämmen«, zum »Mythos«, zu den »Mysterien«, zum »Heimlichen«[28], zur Weisheit des Einfachen, kurz, zur »Urkraft«, die dem gehört, der die »Gefahr« will und den Tod der erniedrigenden »Knechtschaft« vorzieht.[29] Auf der einen Seite also die »Welt der Krankenkassen, Versicherungen«[30], das Universum der Gleichheit, Kollektivität, des gleichmacherischen Sozialismus[31], mehrmals auch als »zoologischer« Bereich bezeichnet[32]; auf der anderen Seite das einer »kleinen Elite«[33] vorbehaltene Reich, jenen Auserwählten, die dennoch nicht die Brüderlichkeit der Einfachen und Bescheidenen zurückweisen.[34] So ist der Gang eine Wiederkehr, womit auch verständlich wird, warum diese Sicht sozialer Welt sich in einer Philosophie der Zeitlichkeit zusammenfassen läßt, die die lineare, fortschreitende, fortschrittliche, an der endgültigen »Katastrophe« der technischen Welt ausgerichtete Zeit jener anderen, zyklischen Zeit kontrastiert, die »wiederkehren« läßt, ein vollkommenes Symbol der *konservativen Revolution*, der *Restauration*, als Verneinung und Verleugnung der Revolution.[36]

Angesichts eines derart monotonen ideologischen Universums, das es einem häufig schwermacht, überhaupt Unterschiede festzustellen – zumal zwischen den verbreitetsten Autoren –, überkommt einen zunächst der Drang (kraft jenes gleichsam professionellen Reflexes des Gebildeten, den der Strukturalismus noch verstärkt hat), eine »Schautafel« der relevanten Gegensätze, sowohl jedes einzelnen Autors wie aller verwandten Autoren, zu erstellen. Tatsächlich aber würde eine solche formale Konstruktion lediglich zur Auflösung der diese nebulöse Ideologie auszeichnenden Logik führen, die ja gerade auf der Ebene der Produktionsschemata vorliegt und nicht auf der des Produkts. Das Hervorstechende dieser Topiken, die den Äußerungen einer ganzen Epoche deren objektive Einheit vorgeben, beruht in ihrer Unbestimmtheit, die sie den grundlegenden Gegensätzen des mythischen Systems ähnlich werden läßt: Sicher ist die Schnittfläche aller möglichen Anwendungen der Opposition von Kultur und Zivilisation so gut wie Null[37]; ungeachtet dessen erlaubt die praktische Beherrschung dieser Unterscheidung, da als eine Art ethischer und politischer Orientierungssinn fungierend, in jedem konkreten Fall ebenso unbestimmte, verschwommene wie totale Unterscheidungen hervorzubringen, die sich nie ganz und gar mit denen eines anderen Benutzers decken, aber auch nie vollkommen verschieden sind und allen Äußerungen einer Zeit jenes Flair von Einheitlichkeit verleihen, das zwar keiner logischen Analyse standhielte, nichtsdestotrotz aber einen wichtigen Bestandteil jeder soziologischen Definition von Zeitgenossenschaft ausmacht.

So verhält sich für Spengler die Kultur zu den Zivilisationen, diesen »äußersten und künstlichsten Zustände(n), deren eine höhere Art von Menschen fähig ist«, wie die Dynamik zur Statik, das Werden zum Gewordenen (*rigor mortis*), das Innere zum Äußeren, das Organische zum Mechanischen, das natürlich Entwickelte zum künstlich Geschaffenen, die Zwecke zu den Mitteln und die Seele, das Leben, der Instinkt zur Vernunft und Dekadenz. Die grundlegenden Gegensätze halten ersichtlich nur stand, weil sie sich wie ein Kartenhaus gegenseitig stützen, mittels höchst vage definierter Analogien. Man braucht nur einen der Gegensätze zu isolieren, damit das ganze Gebäude in sich zusammenfällt. Jeder Denker entwickelt, ausgehend von ursprünglichen Schemata und den sie abstützenden praktischen Äquivalenzen, seine je eigene Reihe[38]: Er kann, wie Spengler, den Stammgegensatz in seiner Primärform nehmen, er kann ihn aber auch stärker bearbeiten und damit häufig unkenntlich machen, wie Heidegger, der ihn, freilich mit der gleichen Funktion, durch den Gegensatz von »wesentlichem Denken« und Wissenschaften ersetzt; er kann, je nach Gelegenheit und Kontext, Anwendungen hervorbringen, die aus richtiger logischer Sicht als widersprüchlich eingestuft werden müßten, ihre Rechtfertigung jedoch faktisch aus der Logik der Äquivalenzen zwischen den praktischen Gegensätzen erfahren, die die partiellen Systematisierungen begründen.

Grundlage der Einheit des *Zeitgeistes* ist die gemeinsame ideologische Matrix, das heißt das System der gemeinsamen Schemata, die jenseits des Scheins von unendlicher Verschiedenheit die *loci communi* erzeugen, jenes Gesamt an grob äquivalenten fundamentalen Gegensätzen, die das Denken strukturieren und die Weltsicht organisieren; also, um hier nur die wichtigsten zu nennen, die Gegensätze zwischen Kultur und Zivilisation, zwischen Deutschland und Frankreich (oder in anderer Hinsicht England, dem Musterbeispiel für Kosmopolitismus), zwischen Tönnies' *Gemeinschaft* oder dem *Volk* und der atomisierten »Masse«, zwischen der Rangordnung und der Nivellierung, zwischen dem *Führer* oder dem *Reich* und dem Liberalismus, Parlamentarismus oder Pazifismus, zwischen ländlicher Flur oder Wald und der Stadt oder Fabrik, zwischen dem Bauern oder dem Helden und dem Arbeiter oder Krämer, zwischen dem Leben oder dem *Organismus* und der Technik oder entmenschlichenden Maschine, zwischen dem Ganzen und dem Teil oder dem Zerstückelten, der Ganzheit und der Zerrissenheit[39], zwischen der Ontologie und der Wissenschaft oder dem gottlosen Rationalismus usw.

Diese Gegensätze und die durch sie erzeugten Probleme sind nicht den konservativen Ideologen als solchen eigentümlich. Sie sind vielmehr in der Struktur des ideologischen Produktionsfeldes angelegt, in dem die für alle Denker einer Epoche gemeinsame Problematik hervorgebracht wird, in den und vermittels der Antagonismen zwischen den für jene Struktur grundlegenden gegensätzlichen Positionen. Das von den konservativen Ideologen abgesteckte Unterfeld, mit (wie Herman Lebovics bemerkt) einer von Spengler repräsentierten Rechten und einer Linken, das heißt einer Ultrarechten, deren zwei antithetische und gleichwohl verwandte Formen durch

Niekisch und Jünger geprägt werden, ist seinerseits jenem Produktionsfeld eingebettet, wie auch seine Produktionen (wovon der ständige Bezug auf Liberalismus und Sozialismus zeugt) zumindest negativ durch diese Zugehörigkeit markiert sind. So stellt der Pessimismus der Konservativen gegenüber Technik, Wissenschaft, »technischer« Zivilisation usw. nur die strukturbedingte Kehrseite jenes *Optimismus* dar, den Meyer Schapiro als »die reformistische Illusion« identifiziert, »die vor allem während der kurzen Prosperitätsphase nach dem Kriege weit verbreitet war ..., derzufolge der technologische Fortschritt – durch Hebung des Lebensstandards und das Sinken der Mieten und anderer Lebenshaltungskosten – die Klassenkonflikte lösen oder zumindest die Entwicklung wirksamer Planungstechniken begünstigen und damit den friedlichen Übergang zum Sozialismus herbeiführen sollte«.[40] Allgemeiner noch ist die »Philosophie« der konservativen Revolutionäre auf eine wesentlich negative Weise bestimmt, als »ideologische(r) Angriff auf die Modernität, auf den ganzen Komplex von Ideen und Einrichtungen, in dem sich unsere liberale, weltliche, industrielle Zivilisation verkörpert«.[41] Sie läßt sich durch eine bloße Umkehr der Vorzeichen aus den Merkmalen der Gegner ableiten: Frankophile, Juden, Fortschrittsgesinnte, Demokraten, Rationalisten, Sozialisten, Kosmopoliten, Linksintellektuelle (mit Heine als deren Inbegriff) ziehen ihre Negation in einer nationalistischen Ideologie nach sich, der es um »Wiederherstellung des mystischen *Deutschtums* und die Schaffung von Institutionen« geht, »mit denen sich der ursprüngliche Charakter Deutschlands erhalten läßt«.[42]

Wenn die Auseinandersetzungen zwischen Geistern, die sich auf denselben Raum der Möglichkeiten beziehen mußten und häufig auch nach denselben Gegensätzen strukturiert waren, nicht in totaler Konfusion endeten – wie der retrospektive Blick, dem die Subtilitäten und Nuancen entgehen, glauben machen könnte –, dann liegt es daran, daß Produktion wie Rezeption stets von einem ethisch-politischen Orientierungssinn geleitet werden, der, vornehmlich in Zeiten einer politischen Krise, die durch eine universitäre Krise verstärkt wird, jedem Wort und jedem Thema, mag es scheinbar noch so sehr der Politik entrückt sein wie die Frage der Quantifizierung in den Wissenschaften oder die Rolle des *Erlebnisses* im wissenschaftlichen Erkenntnisprozeß, einen unzweideutigen Platz im ideologischen Feld zuweist, das heißt grosso modo, es entweder rechts oder links situiert, entweder dem Modernismus oder dem Anti-Modernismus, entweder dem Sozialismus, dem Liberalismus oder dem Konservativismus zuschlägt.

Sombart etwa steht wie alle Konservativen, die – wie Spann und dessen *Ganzheit* – zur Frage der Quantifizierung Stellung beziehen, auf der Seite der Synthese und Totalität, ist also feindlich eingestellt gegenüber der »westlichen« (will heißen: französischen und englischen) Soziologie samt allem, was deren »Naturalismus«, und das meint deren Erforschung mechanischer Gesetze, deren »Quantifizierung« und »Mathematisierung« ausmacht. Diese Erkenntnisweise, deren Kälte und Unfähigkeit, das *Wesen* der Wirklichkeit zu erfassen, vor allem, wenn sie sich aufs Reich des *Geistes* erstreckt, er beklagt und die er der »humanistischen«, das heißt deutschen Soziologie gegenüberstellt, geht seiner Überzeugung nach einher mit der Entwicklung der Naturwissenschaften und der *Zersetzung* der europäischen Kultur, geht mit anderen Worten einher mit der Säkularisierung, der Urbanisierung, der Entfaltung einer technologischen Auffassung des Erkennens, mit Individualismus und dem Verschwinden der traditionalen »Gemeinschaft«. Sichtbar wird, daß die praktischen Synthesen der sozialen Wahrnehmung durchaus die vollkommen organische Verbundenheit einer Reihe von Termini erfaßt, die auf den ersten Blick ohne Zusammenhang zu sein scheinen. Diese Verbundenheit, die ahnen läßt, daß die ganze semantische Konstellation in jedem ihrer Elemente gegenwärtig ist, erklärt denn auch die scheinbar überspitzten Formen des Argwohns und der Anklage, denen sie ausgesetzt ist, etwa wenn Max Weber vor jenen »Götzen« warnt, »deren Kult wir heute an allen Straßenecken und in allen Zeitschriften sich breit machen finden« und die da heißen: »Persönlichkeit« und »Erlebnis«.[43]

So genügen die Schlüsselworte des Jüngerschen Werkes[44] – *Gestalt, Typus, organische Konstruktion, total, Totalität, Ganzheit, Rangordnung, elementar, innen* – dem, der sich in diesem Feld zu orientieren weiß, um Jünger selbst darin zu verorten: Die Totalität *(Ganzheit, total, Gestalt)*, das heißt das, was sich nicht anders denn *anschaulich* erfassen läßt, was nicht auf die Summe seiner Teile zurückzuführen ist (im Unterschied zum Additiven), was letzten Endes nicht in Einzelteile aufgeteilt werden kann, sondern aus »Gliedern« besteht, die auf signifikante Weise zu einer Einheit gefügt sind, steht im Gegensatz zu Begriffen, denen unmittelbar der Geruch des Positivismus anhängt, wie Summe, Anhäufung, Mechanismus, Analyse und selbst Synthese, von der z. B. Reinhold Seeberg argwöhnte, sie unterstelle, daß verstreute Fakten neu zusammengefügt werden müßten. Kurzum, »Ganzes«, »total«, »Ganzheit« sind Worte, die lediglich durch das definiert zu werden brauchen, wozu sie in Gegensatz stehen. Ein Wort wie »total« oder »ganz« fungiert als ein Merkmals- und Ausrufungszeichen zugleich: Es läßt die Worte, die es qualifiziert, auf die gute, die richtige Seite fallen. Das trifft auf jene deutschen Professoren zu, die den »ganzen« Charakter der Studenten zu bilden gedenken, die »ganzheitliche« Einsichten den »bloß« analytischen Verfahren vorziehen, die die »ganze« Nation im Munde führen.[45] Im Rahmen einer bestimmten Lexik, hier der Jüngerschen, werden solche Worte mit anderen, *ideologisch dazu passenden* verknüpft *(organische Rangordnung, elementar, innen* usw.); jedes Denken bietet sich demnach wie eine Konstellation von Begriffen und Themen dar, die durch eine rein soziologische, auf dem ethisch-politischen Orientierungssinn gegründete Kohärenz verbunden sind. Der Sinn für die praktischen Verbindungen zwischen den Stellungen und den Stellungnahmen, in der Vertrautheit mit den Feldern erworben und den Inhabern gegensätzlicher Stellungen zumindest gemeinsam, macht es denn auch möglich, auf Anhieb – gleichsam explizit in Krisenzeiten, in denen die professionelle Ideologie aufgerufen ist, sich zu äußern, und der Schein der Autonomie sich verflüchtigt – die ethischen und politischen Konnotationen der scheinbar neutralisierten Begriffe der Spezialsprachen zu »verspüren«, zum Beispiel die konservative Tönung solcher auf den ersten Blick harmloser Worte wie *Schauen, Wesensschau, Erleben, Erlebnis* (bei den Jugendbewegten war viel von *Bunderlebnis*, einer Art mystischem *Mitsein*, die Rede) auszumachen oder die verborgenen Verbindungen zwischen Mechanismus oder Positivismus und Technik oder Gleichmacherei, zwischen Utilitarismus und Demokratie wahrzunehmen.[46]

Da keiner der Ideologen die Gesamtheit aller verfügbaren Schemata aufbietet, eignet diesen in den verschiedenen Systemen, in die sie sich einfügen, auch niemals die gleiche Funktion und Gewichtigkeit. So kann jeder, von der je besonderen Verbindung gemeinsamer Schemata aus, die er zur Anwendung bringt, seinen Diskurs erzeugen, der, obwohl er doch nur die abgewandelte Form aller anderen darstellt, auf diese nicht reduzierbar ist. Die Ideologie verdankt einen Teil ihrer Stärke dem Umstand, daß sie sich nur in und kraft der Orchestrierung der generativen Habitusformen verwirklicht. Diese Systeme singulärer, aber gleichwohl objektiv aufeinander abgestimmter Dispositionen gewährleisten die Einheit in der und durch die kaleidoskopische Mannigfaltigkeit ihrer Produkte, die als bloße Varianten der anderen Varianten einen Zirkel bilden, dessen Zentrum überall und nirgends ist.

Die »konservativen Revolutionäre«[47] – Bürgerliche, die vom Adel aus den lukrativen Verwaltungsposten des Staates vertrieben, wie Kleinbürger, die in ihren von den Schulerfolgen genährten Hoffnungen frustriert worden waren – sehen in der »geistigen Wiedergeburt« und der »deutschen Revolution« als einer »Revolution der Seele« die mythische Erfüllung ihrer widersprüchlichen Erwartungen: Es ist die »geistige Revolution«, die die Nation zu neuem Leben »erwecken« wird, ohne deren Struktur zu revolutionieren, und die diesen aktuell oder potentiell Deklassierten die Chance eröffnet, ihr Verlangen nach Aufrechterhaltung einer privilegierten Stellung innerhalb der Gesellschaftsordnung mit ihrer Auflehnung gegen die Ordnung, die ihnen diese Stellungen verwehrt, zu versöhnen, wie auch ihre Feindschaft gegen das sie ausschließende Bürgertum mit dem Widerwillen vor der sozialistischen Revolution, die all die Werte bedroht, dank deren sie sich vom Proletariat abzuheben wähnen. Das regressive Verlangen nach beruhigender Wiedereingliederung in die organische Ganzheit einer autarken bäuerlichen (oder feudalen) Gesellschaft stellt nur die Kehrseite jener von Haß erfüllten Angst vor allem dar, das in der Gegenwart eine drohende Zukunft ankündigt: der Kapitalismus wie der Marxismus, der kapitalistische Materialismus der Bourgois wie der gottlose Rationalismus der Sozialisten. Eine gewisse intellektuelle Respektabilität verleihen die »konservativen Revolutionäre« ihrer Bewegung aber gerade dadurch, daß sie ihre regressiven Ideen in eine Sprache kleiden, die nicht selten beim Marxismus und bei den Fortschrittsgesinnten Anleihen macht, daß sie Chauvinismus und Reaktion mit den Worten der Humanisten predigen. Dies kann die strukturelle Ambivalenz ihres Diskurses und dessen verführerischen Reiz bis in die universitären Kreise hinein nur verstärken.

Die Ambiguität als Kennzeichen der gesamten völkischen oder »konservativ revolutionären« Ideologie bewirkt denn auch, daß Denker wie Lagarde liberale Universitätsprofessoren wie Ernst Troeltsch verführen können, die in dessen ästhetisierend-heroischer Sicht von Mensch und Nation, dessen pseudo-religiösem Glauben an den Irrationalismus, das Übernatürliche und Göttliche, in dessen Verherrlichung des »Genies«, in dessen Verachtung des politisch und wirtschaftlich handelnden Menschen, des *alltäglichen Menschen in seiner Alltagsexistenz* und der an dessen Bedürfnisse sich anpassenden politischen Kultur, in dessen Aversion gegen die Modernität tatsächlich den großen deutschen Idealismus wiedererkennen (vgl. F. Stern, *l. c.*, besonders S. 111-123). Der Philosoph Franz Böhm sieht in Lagarde den bedeutendsten Verteidiger des deutschen Geistes gegen den cartesianischen Rationalismus und Optimismus (vgl. F. Böhm, *Anti-Cartesianismus, Deutsche Philosophie im Widerstand*, Leipzig 1938, S. 274 f., zitiert bei F. Ringer, *l. c.*, S. 122 u. 368 [Anm. 29]). Kurzum, wenn, wie Mosse anmerkt, die Arbeiter die Botschaft der konservativen Revolutionäre ignorierten, war sie doch ins Bildungsbürgertum eingedrungen.[48] Und die Krisensituation, in der sich die Hochschullehrer fanden, hat sicher dazu beigetragen, deren Widerstände, die gemeinhin mit ihrer statusbedingten Verachtung der Essayisten einhergingen, weiter zu schwächen.

Wenn also die Fachhistoriker gegenüber den Methoden Spenglers einige Vorbehalte äußerten, versäumten doch die konservativsten ihrer Vertreter nicht, die Vehemenz seiner Schlußfolgerungen zu begrüßen. Angesichts der strukturellen Feindschaft des Universitätsprofessors gegenüber den »Vulgarisatoren« kann man sich vorstellen, welch tiefes ideologisches Einverständnis bestanden haben muß, damit Eduard Meyer, der berühmteste Historiker des Altertums dieser Zeit, schreiben konnte: »Gerade diese Momente der inneren Zersetzung hat Spengler in den der Kritik der jetzt zur Herrschaft gelangten Anschauungen gewidmeten Abschnitten, den Kapiteln über Staat und Politik, über Demokratie und Parlamentarismus mit seinem wüsten Parteitreiben, über die Allmacht der Presse, über das Wesen der Großstadt, über das Wirtschaftsleben, Geld und Maschine in glänzender Weise geschildert. Sein vernichtendes Urteil teile ich durchaus und ich sehe vielleicht trüber in die Zukunft unseres Volkes als er.«[49] Tatsächlich hat Spengler selbst unter den bedeutendsten Hochschulvertretern einen Ruf als Denker erworben und diesen bis heute nicht verloren (wovon – wie ich meine, zumindest implizit – auch noch die qualifizierenden Äußerungen Hans-Georg Gadamers zur Figur des »Außenseiters Spengler«: »überdimensionierte Phantasie und die synthetische Energie« zeugen[50]). Heidegger nun, der vielfach auf Spenglersche Themen zurückgreift, sie dabei freilich euphemisiert (so daß etwa die Hunde und Esel Heraklits – Fragment 97 –, mit anderen in der *Einführung in die Metaphysik* kommentiert, Spenglers Löwe und Kuh ersetzen), hat, wie man weiß, die Bedeutung hervorgehoben, die er dem Denken Jüngers beimaß. In einem Artikel zum 60. Geburtstag Jüngers, mit dem er in steter Beziehung und Korrespondenz stand, schreibt er: »Im Winter 1939 auf 1940 erläuterte ich in einem kleinen Kreis von Universitätslehrern den ›Arbeiter‹. Man staunte, daß ein so hellsichtiges Buch seit Jahren vorlag und man selbst noch nicht gelernt hatte, einmal den Versuch zu wagen, den Blick auf die Gegenwart in der Optik des ›Arbeiters‹ sich bewegen zu lassen und planetarisch zu denken.« (M. Heidegger, *Zur Seinsfrage*, 4., durchgesehene Auflage, Frankfurt a. M. 1977, S. 10)[51]

Die strukturelle Ambiguität eines Denkens, das, aus einer zweifachen Verwerfung hervorgegangen, zwangsläufig zum *selbstzerstörerischen* Begriff der »konservativen Revolution« führt, ist in der ihm zugrundeliegenden Struktur unmittelbar angelegt, das heißt in jener verzweifelten Anstrengung, kraft einer Art heroischer oder mystischer Flucht nach vorne nicht zu überwindende Gegensätze gleichwohl zu überwinden: Nicht von ungefähr trug das Buch Moeller van den Brucks, eines der Propheten des »revolutionären Konservativismus«, in dem die mystische Vereinigung des Ideals der germanischen Vergangenheit mit dem Ideal der deutschen Zukunft, die Verwerfung der bürgerlichen Wirtschaftsform und Gesellschaft und die Rückkehr zum Zunftwesen gepredigt wird, zunächst den Titel »Der dritte Weg«, dann *Das Dritte Reich*. Die Strategie des »dritten Wegs«, in der sich auf ideologischer Ebene die objektive Stellung dieser Autoren in der sozialen Struktur manifestiert, bringt bei der Anwendung auf unterschiedliche Felder gleichwohl homologe Diskurse hervor. In aller Deutlichkeit kommt diese generative Struktur bei Spengler zum Vorschein: Seiner Frage nach der Natur der Technik stellt er zwei Klassen von Antworten gegenüber, eine erste, die der »Idealisten und Ideologen, (der) Nachzügler des klassizistischen Humanismus der Goethezeit, welche technische Dinge und Wirtschaftsfragen überhaupt als außerhalb und unterhalb der Kultur stehend« verachten und im Gegenzug Kunst und Literatur zum Wert aller Werte erheben; eine zweite, die des »Materialismus von wesentlich englischer Herkunft, (der) große(n) Mode der Halbgebildeten in der zweiten Hälfte des vorigen Jahrhunderts, der liberalen Feuilletons und radikalen Volksversammlungen, der Marxisten und der sozialethischen Schriftsteller, die sich für Dichter und Denker hielten«.[52] Das Feld der spezifischen Gegensätze, in bezug auf das sich Spenglers Problematik der Technik herausbildet, ist vollkommen dem Feld homolog, das seine politischen Optionen leitet, gekennzeichnet durch den Gegensatz von Liberalismus und Sozialismus, den er durch eine Reihe sehr Heideggerscher Paradoxa »überwindet«: Der Marxismus, erklärt er einmal, ist der Kapitalismus der Arbeiter; oder er setzt, einer Strategie folgend, die er mit Niekisch und einigen anderen teilt, die preußischen Tugenden von Autoritarismus, Unterordnung und nationaler Solidarität mit jenen gleich, die der Sozialismus fordert; oder aber er postuliert wie

Jünger, daß alle Welt – vom Unternehmer bis hin zum Handlanger – Arbeiter sei.

Ebenso um die Strategie eines dritten Wegs, jetzt aber mit der Zielvorstellung, das Gegensatzpaar Kapitalismus und Sozialismus zu überwinden, kreist das Denken Werner Sombarts: Der marxistische Sozialismus ist, da er sich weder der Entwicklung der Wirtschaft noch den Werten der Industriegesellschaft widersetzt, zu revolutionär und zu konservativ in einem; er repräsentiert, insoweit er die moderne Zivilisation zwar ihrer Form nach, nicht aber ihrem Wesen nach verwirft, eine korrumpierte Gestalt des Sozialismus.[53] Das Zentrum dieses gleichsam fehlgeleiteten Radikalismus liegt in folgendem: Den heftigsten Haß auf Industrie und Technik mit dem unnachgiebigsten Elitismus und der krudesten Verachtung der Massen vereinend, will er die Theorie der Klassenkämpfe, die, indem sie die Menschen auf das Niveau eines *Schweinehundes* erniedrigt, die Seele der Massen gefährdet und die Entfaltung eines harmonischen gesellschaftlichen Lebens verhindert, durch die »wahre Religion« ersetzen.[54] Niekisch, Hauptvertreter des »Nationalbolschewismus«, gelangt, obgleich er von Strategien ausgeht, die denen von Spengler nahezu konträr sind – er baut bei seinem Versuch, die Mittelschichten in die Revolution zu ziehen, auf Nationalismus, Militarismus und Heldenkult –, dennoch zu ähnlichen Positionen wie dieser: Er setzt Klasse und Nation gleich und stilisiert auf diese Weise den deutschen Arbeiter zum »Staatssoldaten«, der alle hehren preußischen Tugenden wie Gehorsam, Disziplin, Opferbereitschaft usw. aufweisen soll.

Einer ähnlichen Logik verhaftet ist *Der Arbeiter* von Ernst Jünger. Dieser spielt, obwohl mit Niekisch liiert (er schreibt in dessen Zeitschrift *Widerstand*), das intellektuelle Sprachrohr der konservativen Revolutionäre, deren rassistische Thesen er propagiert.[55] Auch bei ihm geht es um die Überwindung jener Alternative, deren archetypische Formulierung Sombart geliefert hat: Demokratie und Sozialismus. Auf der einen Seite hier also die liberale Demokratie, gleichgesetzt mit Individualismus und innerer wie äußerer Anarchie, Reich des Bürgers, dem »ein Verhältnis zur Totalität nicht gegeben« ist und der die Sicherheit zum höchsten Wert erhebt; auf der anderen Seite der Sozialismus, unfähig, eine neue Ordnung zu verwirklichen, Produkt der Übertragung bürgerlicher Modelle auf die Arbeiterbewegung, will heißen die »Masse« als die soziale Ausprägung, »in der das Individuum sich begreift«. Überwunden werden kann dieser Antagonismus lediglich durch die Errichtung einer auf dem »Arbeitsplan« aufbauenden Ordnung, anhand dessen der »Typus des Arbeiters« kraft seiner höheren technischen Fertigkeit die Technik beherrscht.

Der »Typus des Arbeiters«, darin der Bürger wie der Proletarier gleichermaßen überwunden sind (in dem, wie Rauschning sagen wird, die individuellen Werte und die der Massen besiegt sein werden), hat mit dem in allen Farben das Klassenrassismus gezeichneten wirklichen Arbeiter nicht das Geringste zu tun; sein Reich ist die »organische Konstruktion«, die mit der mechanischen Masse nichts gemein hat. Analytisch ist dieser nebulösen Mythologie kaum beizukommen: Orientiert am Schema der »konservativen Revolution«, verwirklicht sie die *concilatio oppositorum* und ermöglicht so, alles zugleich zu besitzen: die preußische Disziplin und den individuellen Verdienst, den Autoritarismus und den Populismus, das Mechanisch-Maschinelle und den ritterlichen Heroismus, die Arbeitsteilung und die organische Ganzheit. Der Arbeiter, ein Held der Moderne gleichsam, vor ihm der »Arbeitsraum«, worin der »Freiheitsanspruch als Arbeitsanspruch (auftritt)« und »Freiheit eine existentielle

Größe« ist, steht in unmittelbarem Kontakt mit dem Elementaren (im Sinne des Ursprünglichen) und vermag dergestalt zu einem »einheitlichen Leben« zu gelangen. Durch keine Kultur korrumpiert, steht er in Lebensverhältnissen, die – wie das Schlachtfeld auch – ebenso Individuum und Masse wie sozialen »Rang« in Frage stellen. Und er bietet die Technik auf – ein neutrales Mittel. Das alles prädestiniert ihn zur Durchsetzung einer neuen sozialen Ordnung militärischen Typs, einer kümmerlichen preußischen Variante der heroischen Technokratie freilich nur, von der Marinetti und die italienischen Futuristen einst träumten: »Im preußischen Pflichtbegriff vollzieht sich die Bändigung des Elementaren, wie sie im Rhythmus der Märsche, im Todesurteil gegen den Erben der Krone, in den herrlichen Schlachten, die mit einem gezähmten Adel und dressierten Söldnern gewonnen werden mußten, in die Erinnerung eingegangen ist. Der einzig mögliche Erbe des Preußentums jedoch, das Arbeitertum, schließt das Elementare nicht aus, sondern ein: es ist durch die Schule der Anarchie, durch die Zerstörung der alten Bindungen hindurchgegangen, daher es denn einen Freiheitsanspruch in einer neuen Zeit, in einem neuen Raume und durch eine neue Aristokratie vollstrecken wird.«[56] Letzten Endes lautet der Lösungsvorschlag hier, das Übel durch das Übel zu bekämpfen und zu heilen, in der Technik und dem reinen Geschöpf der Technik, dem im totalitären Staat mit sich selbst versöhnten Arbeiter, die Grundlage der Herrschaft über die Technik auszumachen.[57] »Einerseits wird erst der totale technische Raum eine totale Herrschaft ermöglichen, andererseits besitzt nur eine solche Herrschaft über die Technik wirklich Verfügungsgewalt.«[58] Aufgelöst wird die Antinomie durch den Vorstoß zur Grenze, zum Grenzfall: Wie im mythischen Denken löst sich die bis zum Äußersten getriebene Spannung durch die vollständige Umkehrung des Pro und Contra. Es ist die gleiche magische Logik der Vereinigung der Gegensätze, die inmitten dieser extremistischen Randgruppe der konservativen Revolutionäre in das Denken des Führers mündet, der Grenze dessen, was dieser, als Vereinigung von Heldenkult und Massenbewegung, angeblich überwindet. In diesem Zusammenhang fällt einem das Gedicht von Stefan George (einem weiteren geistigen

Mentor Heideggers) ein – *Algabal*: Dieser, Symbol der Wiedererneuerung in und kraft der Apokalypse, ist ein nihilistischer Führer, zugleich grausam und zärtlich, der, in künstlichen Palästen lebend, sich aus Überdruß und Langeweile Akten größter Grausamkeit hingibt, die ihrer kataklystischen Wirkung wegen die Wiedererneuerung herbeizuführen vermögen.[59] In ganz ähnlicher Logik versöhnt auch der phantastische Populismus Jüngers, diese phantasmagorische Verneinung und Verleugnung des Marxismus, den Volkskult mit dem aristokratischen Abscheu vor der »Masse«, die durch Mobilisierung in die organische Einheit umgewandelt wird; überwindet er den Horror vor der in den Gesichtern der Arbeitenden[60] ablesbaren anonymen Monotonie und leeren Uniformität in jener perfekten Realisierung leerer Uniformität: der militärischen Ein- und Unterordnung. Den Arbeiter von der »Entfremdung« (im Sinne der *Jugendbewegung*) befreien, heißt, ihn von der Freiheit befreien, indem er im Führer entäußert wird.[61]

Verständlicher wird nun auch, was Heidegger meint, wenn er an Jünger schreibt: »Überdies verdankt ›Die Frage nach der Technik‹ den Beschreibungen im ›Arbeiter‹ eine nachhaltige Förderung.«[62] In diesem Punkt ist die ideologische Übereinstimmung perfekt, wie jener Abschnitt aus einer Rede Heideggers während seiner Rektoratszeit (vom 30. Oktober 1933) bezeugt: »Wissen und Wissensbesitz, wie der Nationalsozialismus diese Worte versteht, *trennt nicht in Klassen*, sondern bindet und einigt die Volksgenossen und Stände in den einen großen Willen des Staates. So wie diese Worte ›Wissen‹ und ›Wissenschaft‹ haben auch die Worte ›Arbeiter‹ und ›Arbeit‹ einen *verwandelten Sinn* und einen *neuen Klang*. Der ›Arbeiter‹ ist nicht, *wie der Marxismus wollte*, der bloße Gegenstand der Ausbeutung. Der *Arbeiterstand* ist nicht die *Klasse der Enterbten*, die zum allgemeinen Klassenkampf antreten.«[63] Jenseits dieses bloßen, gleichsam buchstäblichen Zusammentreffens an einem Kernpunkt der im *Arbeiter* entwickelten »politischen Philosophie« wird vielmehr das eigentliche Zentrum der Heideggerschen Ontologie, dessen Anschauung von Sein und Zeit, von Freiheit und Nichts im metaphysisch-politischen Pathos, das heißt in einer den eigentlichen politischen Gehalt sichtbar machenden Form, wenn nicht explizit formuliert, so doch suggeriert. Heidegger übernimmt die dem Jüngerschen Vorgehen immanente Denkbewegung, wenn er erklärt: Nur in »höchster Gefahr« bekunde sich, was »wir am wenigsten vermutet haben«, nämlich daß »das Wesen der Technik den möglichen Anfang des Rettenden in sich (birgt)«, oder auch, gemäß der gleichen Logik, daß die Verwirklichung des Wesens der Metaphysik im Wesen der Technik, höchste Vollendung der Metaphysik vom Willen zur Macht, die Überwindung der Metaphysik eröffne.[64] Der Jüngersche Nihilismus, der sich als Revolte gegen die europäische Dekadenz erlebt, will an die Stelle der bloßen Betrachtung die Tat setzen, gegenüber dem Ergebnis der Entscheidung den Entscheidungsakt privilegieren, letztlich dem Willen des Willens, wie Heidegger formuliert, gegenüber dem Willen zur Macht den Primat einräumen. Der kriegerische Ästhetizismus Jüngers speist sich ebenso aus der Abscheu gegenüber der Schwäche, Unentschlossenheit und selbstzerstörerischen Unsicherheit der räsonierenden Vernunft wie aus der Kluft zwischen Wort und sinnlich-fühlbarer Wirklichkeit. Bringt er seinen anti-rationalistischen Nihilismus und jene sozialen Kräfte, die zur Heraufkunft des Nationalsozialismus geführt haben, auch härter und brutaler und damit eindeutiger zum Ausdruck als der gelehrte deutsche Philosophieprofessor, so trifft er sich doch mit dem Autor von

Sein und Zeit in jener Art Entschlossenheit zu Wagnis und Gefahr, die einen zwingt, sich an den Punkt im Zerstörungswerk zu stellen, von dem aus die Freiheit empfunden werden kann, und seine Verantwortung dadurch zur Geltung zu bringen, daß man sich der elementaren Gewalt des Hier und Jetzt aussetzt: »Hier ist die Anarchie ein Prüfstein des Unzerstörbaren, das sich mit Lust innerhalb der Vernichtung erprobt.« Indem man mit dem Nichts – wie mit dem Feuer – spielt, beweist man sich und den anderen seine Freiheit. Die historische Entwicklung ist nichts weiter als eine dynamische Leere, ein Nichts in Bewegung, eine Bewegung des Nichts hin zu Nichts; »jenseits der Werte« stehend, »besitzt« sie auch »keine Qualität«. Es geht darum, »einen Punkt zu überschreiten, von dem aus das Nichts begehrenswerter erscheint als jedes Ding, dem noch die geringste Möglichkeit des Zweifels innewohnt«, und »auf eine Gesellschaft primitiver Seelen (zu) stoßen, auf eine Urrasse, die noch nicht als Subjekt einer historischen Aufgabe aufgetreten und daher frei für neue Aufträge ist«.[65] Der Nationalismus, die Verherrlichung der deutschen Rasse und deren imperialistischer Gelüste können die politische oder semi-politische Sprache von Entschlossenheit und Selbstbeherrschung, von Führung und Gehorsam, Wille, Blut und Vernichtung als Modalitäten der totalen Mobilisierung sprechen; sie können aber auch, wie bei Heidegger, in der metaphysischen oder quasi metaphysischen Sprache des Willens zur Macht als Wille zum Willen, als Geltendmachen eines Willens im Dienste nicht von Zwekken, sondern der Selbstüberwindung gehalten sein; wie schließlich auch in der einer entschiedenen Konfrontation mit dem Tod als authentischer Erfahrung der Freiheit.

Bei Jünger treiben unter der Sprache Nietzsches die Phantasmen und Losungen des politischen Nihilismus ihre Blüte; bei Heidegger haben sich der politische Nihilismus und die Nietzschesche Tradition selbst, ganz zu schweigen von der »konservativ-revolutionären« Vulgata eines Jünger oder Spengler, den Ansprüchen der ontologischen Gedankenandacht des Lesers der Vorsokratiker, des Aristoteles und der christlichen Theologen derart zu beugen, daß die einsame Suche des eigentlichen Denkers nichts mehr mit dem theoretischen Abenteurertum des von allem davongekommenen Kriegers gemein zu haben scheint. Das genau scheidet den Laien vom Experten, der weiß, was sprechen bedeutet, weil er, zumindest auf eine praktische Weise, den Raum kennt, in dem sein Diskurs aufgenommen werden wird, das heißt das *Feld der vereinbaren Stellungnahmen*, denen gegenüber sich seine eigene Position negativ, differentiell bestimmt finden wird. Die Kenntnis dieses Raums der Möglichkeiten erlaubt »die Einwände vorwegzunehmen«, das heißt Bedeutung und Wert zu antizipieren, die auf der Grundlage der herrschenden Taxonomien einer bestimmten Stellungnahme zugewiesen werden, und vorweg mißliebige Auslegungen zu dementieren: Der »philosophische Sinn« wird eins mit der praktischen oder bewußten Beherrschung der konventionellen Zeichen, die den philosophischen Raum ausleuchten, und ermöglicht es derart dem Fachmann, *sich* gegenüber den bereits markierten Positionen zu *demarkieren*, *sich* gegenüber allem, was ihm aller Wahrscheinlichkeit nach zugeschrieben werden wird, zu *verwahren* (»Heidegger verwahrt sich gegen den Vorwurf des Pessimismus«), gestattet es mit anderen Worten, *seine Differenz* in und dank einer Form zur Geltung zu bringen, die mit den potentiell *Anerkennung* verschaffenden Zeichen geschmückt ist. Ein sozial als philosophisch anerkanntes Denken impliziert den Bezug auf das Feld der philosophischen Stellungnahmen wie auch das mehr oder minder klare Bewußtsein von dem wirklichen Standort, den es in diesem Feld einnimmt. Das unterscheidet den Fachphilosophen vom »naiven« Vertreter dieser Zunft, der – wie der »naive« Maler in seinem Universum – eigentlich nicht weiß, was er sagt, noch was er tut. Da er die besondere Geschichte, aus der das philosophische Feld hervorgeht und die den gesellschaftlich begründeten Positionen wie der spezifischen Problematik – verstanden als Raum der für die verschiedenen Positionsinhaber möglichen Stellungnahmen – eingebunden ist, nicht kennt, liefert der Amateur gewissermaßen ein Denken im Rohzustand, das denn auch – wie Jüngers *Arbeiter* für Heidegger – für die sich ihrer selbst bewußten Meditationen des wahren Experten als Rohmaterial herhalten muß: Dieser konstituiert als *Problem*, worauf jener unwissentlich antwortet. Manchmal kann dem Laien die grundlegende Gesetzmäßigkeit des Spiels auch in einem Maße unbekannt sein, daß er zum Objekt oder Spielball des Fachmanns und seines Denkens gerät. Wenn etwa G. E. Moore den Anachronismus begeht, den Skeptizismus tatsächlich ernstzunehmen, und dieses Problem so abhandelt, als habe Kant (und die Unterscheidung zwischen Transzendentalem und Empirischem) nie existiert, wenn er also jenen Akt der Suspendierung des alltäglichen Glaubens, der gerade den genuin philosophischen Glauben definiert, seinerseits suspendiert, dann setzt er sich dem vernichtendsten Urteil aus, das der Philosoph, der ansonsten durchaus nicht abgeneigt ist, die theoretisch fundierte Naivität der Rückkehr zum Ursprünglichen zu zelebrieren, überhaupt fällen kann: »Moore ist naiv, wohingegen Sextus einfach nur unschuldig war.«[66] (So reagiert der Philosoph, dies nur am Rande erwähnt, spontan immer auf Versuche, vom »Gemeinverstand« aus kritisch zu argumentieren oder die Vorannahmen wissenschaftlich zu objektivieren, die sich aus der Zugehörigkeit zum philosophischen Feld notwendig ergeben, das heißt die der genuin philosophischen *illusio* als der jenem sozialen Raum entsprechenden Haltung und mentalen Räumlichkeit immanent sind.)

Man darf unterstellen, daß ein Philosoph wie Heidegger, derart Meister seines Fachs, tatsächlich weiß, was er tut, wenn er Jünger zum – vornehmlich kollektiven und öffentlichen – Gegenstand der Reflexion wählt: Jünger stellt die einzigen (politischen) Fragen, denen Heidegger zu antworten gewillt war, die einzigen (politischen) Fragen, die er *zu den seinen machte* – um den Preis einer neuerlichen Übersetzung, die Einblick verschafft in die Verfahrensweise philosophischen Denkens. Die von ihm vollzogene Übertragung von einem mentalen (und sozialen) Raum in einen anderen setzt einen radikalen Bruch voraus, vergleichbar dem, der in bezug auf ein anderes Feld als »epistemologischer Bruch« oder »Einschnitt« bezeichnet wurde. Zwischen Politik und Philosophie herrscht eine regelrechte ontologische Schwelle: Wer einmal den magischen Sprung ins andere Universum auf sich genommen hat, für den erfahren die Begriffe der alltäglichen Existenz und die sie bezeichnenden Worte – es sind häufig dieselben – eine radikale, sie als solche unkenntlich machende Verwandlung. So dürfte Jean-Michel Palmier die gängige Meinung der Kommentatoren ausdrücken, wenn er schreibt: »Es fällt schwer, von der Bedeutung, die Heidegger diesem Buch *Der Arbeiter* zugemessen hat, nicht überrascht zu sein.«[67] Wie die mathematische, wenn sie Geschwindigkeit in eine abgeleitete Funktion verwandelt oder Fläche in ein Integral, wie die juristische, wenn sie einen Streit oder Konflikt in einen Prozeß verwandelt, so bildet auch die philosophische Alchimie eine *metabasis eis allo genos*, den Übergang in eine andere Ordnung (im Sinne Pascals), die nicht zu trennen ist von einer *metanoia*, dem Wechsel des sozialen Raums, der den Wechsel des mentalen Raums zur Voraussetzung hat.

Auf diese Weise erklärt sich, warum der Philosoph, der es zu seinem Beruf erhebt, Fragen zu stellen, zumal die von der doxischen Erfahrung der Alltagswelt per definitionem ausgeschlossenen, niemals direkt auf solche »naiven«, das heißt unsachgemäßen und unverschämten Fragen antwortet, wie sie sich der Gemeinverstand im Hinblick auf seine Fragen stellt (über die Existenz der Außenwelt, über die Existenz des anderen usw.) oder wie sie ihm nicht zuletzt der Soziologe so gerne stellen würde, ausgehend von seinem ihm eigenen sozialen und mentalen Raum: sogenannte »politische«, das heißt *offen*, also »naiv« politische Fragen etwa. Nur auf philosophische Fragen vermag er zu antworten, auf solche mithin, die ihm in der einzig sachgemäßen, nämlich philosophischen Sprache gestellt sind oder die er sich so stellt und auf die er (de facto wie de jure) erst antworten kann, nachdem er sie in den ihm eigenen philosophischen Ideolekt umformuliert hat. Es wäre nun falsch, diese Bemerkungen hier wie Aphorismen eines von kritischem Geist beseelten Moralisten zu lesen: Eine solche distanzierte Haltung zwingt sich sehr allgemein jedem als die einzig mögliche auf, der in einem wissenschaftlich-gelehrten Universum akzeptiert werden will, das heißt als legitimer Teilnehmer darin anerkannt sein und – erst recht – reüssieren möchte.

Sie erscheint jedem als selbstverständlich, der mit dem entsprechenden Habitus ausgestattet, also an die strukturelle Notwendigkeit des Feldes vorgängig angepaßt und bereit ist, die in der fundamentalen Gesetzmäßigkeit des Feldes objektiv implizierten Voraussetzungen zu akzeptieren – nicht selten sogar, ohne sie überhaupt zu kennen.

Man darf mithin vom Philosophen nicht erwarten, daß er ungeschminkt die rohe Sprache der Politik spricht – was es denn auch erforderlich macht, beim Heideggerschen Kommentar des Werkes von Jünger zwischen den Zeilen zu lesen: »›*Der Arbeiter*‹ gehört in die Phase des ›aktiven Nihilismus‹ (Nietzsche). Die Aktion des Werkes bestand – und besteht in gewandelter Funktion noch – darin, daß es den ›totalen Arbeitscharakter‹ alles Wirklichen aus der Gestalt des Arbeiters sichtbar macht.« Und einige Seiten weiter: »Doch sind Optik und Gesichtsfeld, die das Beschreiben leiten, nicht mehr oder noch nicht entsprechend bestimmt wie vormals. Denn sie nehmen jetzt an jener Aktion des aktiven Nihilismus nicht mehr teil, die auch im ›Arbeiter‹ schon nach dem Sinne Nietzsches in der Richtung auf die Überwindung gedacht ist. Nichtmehrteilnehmen heißt jedoch keineswegs schon: außerhalb des Nihilismus stehen, zumal dann nicht, wenn das Wesen des Nihilismus nichts Nihilistisches und die Geschichte dieses Wesens älter ist und jünger bleibt als die historisch feststellbaren Phasen der verschiedenen Formen des Nihilismus.« Durch alle Anspielungen hindurch wird verstehbar, daß das Problem des Totalitarismus, des totalitären Staates, dem es gelingt, durch Vermittlung der Technik das gesamte Dasein seiner Verfügungsgewalt zu überantworten, sich weiterhin stellt, selbst dann noch, wenn dieser einzigartigen geschichtlichen Form des Nihilismus historisch ein Ende gesetzt ist. Damit wird auch das Folgende verständlicher: »Kein Einsichtiger wird heute noch leugnen wollen, daß der Nihilismus in den verschiedensten und verstecktesten Gestalten der ›Normalzustand‹ der Menschheit sei ... Am besten zeugen dafür die ausschließlich re-aktiven Versuche gegen den Nihilismus, die, statt auf eine Auseinandersetzung mit seinem Wesen sich einzulassen, die Restauration des Bisherigen betreiben. Dieselbe Flucht drängt auch dort, wo man dem Anschein nach alle Metaphysik aufgibt und sie durch Logistik, Soziologie und Psychologie ersetzt.«[68] Und auch das ist noch zu lesen: daß der totalitäre Staat und die neuzeitliche Wissenschaft »notwendige Folgen des Wesens der Technik« bilden und daß – was freilich heißt, die Umkehrung ein wenig zu weit zu treiben – das einzig wahre nicht-reaktive Denken solches ist, das sich dem Nazismus stellt und dessen Wesen (»mit Entschlossenheit«) bedenkt, statt es zu fliehen. Das war auch der Sinn jenes berühmten Satzes aus der *Einführung in die Metaphysik*, der 1935 gehaltenen und 1953 in unveränderter Form veröffentlichten Vorlesung, über die »innere Wahrheit und Größe« des Nationalsozialismus, »nämlich ... (die) Begegnung der planetarisch bestimmten Technik und des neuzeitlichen Menschen«.[69] Deutlich zeichnet sich so die Linie ab, die vom verleugneten Aristokratismus in *Sein und Zeit* zur philosophischen »Aufarbeitung« des Nazismus führt, der als paroxysmale Manifestation eines bestimmten Standes in der Entfaltung des Wesens der Technik gleichsam banalisiert wird. Für Jünger ist es ein leichtes, aus jenen Andeutungen die Neubewertung (die keineswegs ein Abrücken von einst Geglaubtem ist) eines Werdegangs herauszulesen, den er mit Heidegger weithin gemein hat – bis in die Unfähigkeit hinein, die Verantwortung für die Folgen des Appells an die Verantwortlichkeit entschieden auf sich zu nehmen.[70] Der nazistische Nihilismus, dieser heroische Versuch zur Überwindung – durch den Übergang zur Jüngerschen »Linie« – des Nihilismus, dessen äußerste Formausprägung er verkörpert, ist höchste Bekräftigung der ontologischen Differenz: Nichts anderes bleibt mehr, denn entschlossen dieser unüberwindbaren Zweiheit, der ewigen Scheidung von Sein und Seiendem, sich zu stellen. Die heroische Philosophie der Verachtung des Todes – darin der Flucht in die Fürsorge entgegengesetzt – hat nun einer nicht minder heroischen Philosophie zu weichen, die sich dezidiert dieser absoluten Distanz stellt. Die Ablehnung jeglicher metaphysischen Transzendenz, des höchsten Stadiums des Willens zum Willen und allerletzten Versuchs zum Vergessen des Seins (den Heidegger in den späteren Schriften Jüngers, zumal in *Über die Linie*, aufdeckt und verurteilt), führt zur mystischen *Gelassenheit*, zum Harren auf eine anti-nihilistische Offenbarung des Seins.

So findet sich am Ende, da der »Dritte Weg« (im Sinne Moeller van den Brucks) der heroischen Überwindung sich definitiv als Sackgasse erweist, die verzweifelte Ohnmacht, die bereits am Anfang stand: die des Intellektuellen, der sich in der prekären Lage dessen befindet, zwar zu den Herrschenden zu gehören, aber unter ihnen nur eine beherrschte Stellung innezuhaben. Ist es aus mit dem machtvollen Denken und der tätigen Ermutigung zum aktiven Nihilismus der totalen Mobilisierung als spiritueller Reinigung, bleibt das Denken der Ohnmacht, der *passive Nihilismus*, der kraft einer nicht minder radikalen Differenz den zur Entsagung gelangten Denker von all denen scheidet, die, ob mächtig oder ohnmächtig, sich dem Vergessen des Seins überantworten.

II
Philosophisches Feld und Raum der Möglichkeiten

Heidegger wendet sich nicht nur an Jünger. Sein Diskurs ist subjektiv wie objektiv auf zwei unterschiedliche soziale und mentale Räume bezogen: den des politischen Essayismus und den der eigentlichen Philosophie. Selbst in einem Jünger gewidmeten und damit scheinbar für ihn bestimmten Text zielt er gewissermaßen »über dessen Kopf hinweg« auf ganz andere Gesprächspartner (wovon der Titel zeugt, den er diesen dem Anschein nach exoterischen Überlegungen zur Technik bei späteren Veröffentlichungen gibt: »Zur Seinsfrage«). Heidegger, dieser auf philosophischer Ebene subversive Denker, kennt und anerkennt zur Genüge, was im philosophischen Feld auf dem Spiel steht (das beweisen seine expliziten Bezugnahmen auf die kanonischen Autoren der Gegenwart wie Vergangenheit), und er respektiert auch weitgehend genug den vom akademischen Ethos geforderten absoluten Bruch zwischen Bildung und Politik[1], um seine gesellschaftlichen Phantasmen und ethisch-politischen Dispositionen in einer Weise – und gewissermaßen ohne ausdrücklichen Willen dazu – neu zu strukturieren, daß sie als solche *unkenntlich* werden.[2]

Zeitgenosse von Spengler und Jünger in der exoterischen Zeitdimension des Politischen, ist Heidegger auch Zeitgenosse Cassirers und Husserls in der autonomen Geschichte des philosophischen Feldes. Wird ihm, wie gesehen, *sein Standort* in einem bestimmten Augenblick der politischen Geschichte Deutschlands sozusagen von außen *zugewiesen,* so *weist* er *sich selbst seinen Standort zu* in einem bestimmten Augenblick der immanenten Geschichte der Philosophie und, genauer, innerhalb der Serie jener aufeinanderfolgenden Rückwendungen zu einem immer wieder abgewandelten, weil stets gegen den vorhergehenden entwickelten Kant, die der deutschen Universitätsphilosophie ihren besonderen Stempel aufdrükken: Wie Cohen und die Marburger Schule die Fichtesche Auslegung Kants verwerfen, so geißelt Heidegger die Lektüre der bedeutenden Neukantianer, insofern sie ihm zufolge die *Kritik der reinen Vernunft* auf die Erforschung der Bedingungen der Möglichkeit von Wissenschaft verkürzt und derart die Reflexion Wahrheiten unterwirft, die ihr faktisch wie begründungslogisch vorausgehen.[3] Man kann Heidegger aber auch, dabei anderen Genealogien folgend, in den Schnittpunkt der von Kierkegaard, Dilthey und Husserl gestifteten Linien verlegen. Der Eintritt in das Feld impliziert die Einfügung in dessen Geschichte, das heißt die Einfügung in das von der Geschichte des Feldes Hervorgebrachte, vermittels der Kenntnis und Anerkennung der historisch entwickelten und im Feld auf der praktischen Ebene gestifteten Problematik. Die philosophische Genealogie, die sich der Philosoph mittels der rückblickenden Rekonstruktion erstellt, bildet eine gut abgestützte Fiktion. Der Erbe einer Bildungstradition spricht auch dann noch von seinen Vorgängern und Zeitgenossen, wenn er ihnen gegenüber Distanz übt.

Somit wäre es ein fruchtloses Unterfangen, ein philosophisches Denken, das derart offen professoralen Charakter trägt wie das Heideggers, außerhalb seiner Beziehungen zum philosophischen Feld, in dem es wurzelt, verstehen zu wollen: Heidegger hat nie aufgehört, (sich) in bezug auf andere Denker zu denken – und dies, scheinbar paradox, immer stärker, je mehr sich seine Selbständigkeit und Originalität behaupteten. Alle fundamentalen Optionen Heideggers, jene, die in den tiefstliegenden Dispositionen seines Habitus begründet sind und ihren Ausdruck in den zentralen Gegensatzpaaren aus der Luft gegriffener antagonistischer Begriffe finden, bestimmen sich in bezug auf einen bereits konstituierten philosophischen Raum, anders gesagt, ein Feld philosophischer Stellungnahmen, das in der ihm eigenen Logik das Netzwerk der sozialen Positionen im philosophischen Feld reproduziert. Vermittels dieser permanenten Bezugnahme auf das Feld der möglichen philosophischen Stellungnahmen vollzieht sich die philosophische Verwandlung der ethisch-politischen Stellungnahmen; über sie setzen sich gleichermaßen die Probleme und der *strukturierte Bereich der möglichen Lösungen* durch, das heißt jener Bereich, der die philosophische Bedeutung einer – wie immer neuartigen – Stellungnahme vorweg determiniert (zum Beispiel als anti-kantianisch oder neu-thomistisch). Diese Bezugnahme ist es denn auch, die über die – mehr oder minder bewußt empfundene – Homologie zwischen der Struktur der philosophischen und der der offen politischen Stellungnahmen die äußerst begrenzte Palette der für einen jeweiligen Denker mit seinen ethisch-politischen Optionen kompatiblen philosophischen Stellungnahmen festlegt.

Als philosophische treten die Stellungnahmen zwingend nur in dem Maße auf, wie sie sich gegenüber dem Feld der zu einem bestimmten historischen Moment bekannten und anerkannten philosophischen Stellungnahmen definieren; in dem Maße also, in dem es ihnen gelingt, sich als relevante Antworten auf die *Problematik* bekanntzumachen, die sich in einem jeweiligen historischen Moment in Gestalt der grundlegenden Antagonismen des Feldes durchsetzt. Die relative Autonomie des Feldes dokumentiert sich in seinem Vermögen, zwischen die ethisch-politischen Dispositionen, die den Diskurs leiten, und dessen endgültiger Form ein System von legitimen Problemen und Denkobjekten zu schieben und damit jede Ausdrucksintention einer systematischen Umwandlung zu unterwerfen: philosophische Formgebung, das heißt politische Entschärfung; und so läßt die Trans-Formation, die bei der Übertragung von einem sozialen – und untrennbar damit mentalen – Raum in einen anderen Voraussetzung ist, den Zusammenhang zwischen dem Endprodukt und den ihm zugrundeliegenden sozialen Determinanten tendenziell unkenntlich werden – eine philosophische Stellungnahme ist (bis auf das System) nie etwas anderes als das Homolog einer »naiven« ethisch-politischen Stellungnahme.

Das doppelte Eingebundensein des Philosophen, der gleichzeitig durch die ihm im sozialen Raum (und präziser, in der Struktur des Machtfeldes) zugewiesene Position und durch jene definiert wird, die er innerhalb des philosophischen Produktionsfeldes innehat, liegt Transformationsprozessen zugrunde, die sich ebenso aus den vom Habitus rückübersetzten unbewußten Funktionsmechanismen des Feldes ergeben wie aus den bewußten Systematisierungsstrategien. So bildet sich Heideggers Beziehung zu den markantesten Positionen des politischen Feldes – Liberalismus und Sozialismus, Marxismus und »revolutionär-konservatives« Denken – beziehungsweise zu den entsprechenden sozialen Positionen auf der praktischen Ebene nur aus vermittels einer ganzen Reihe von homologen Beziehungen des darin sich in verwandelter, verklärter Gestalt manifestierenden Grundgegensatzes. Da ist zunächst die doppelte Verweigerung, doppelte Distanzierung, die in der Zugehörigkeit zu einer Geistesaristokratie impliziert ist, die auf der einen Seite durch die tödliche Gefahr der *Vermassung*, »Nivellierung« und des »Niveauverlustes« im Gefolge der ihr zulaufenden Studentenmassen und subalternen Universitätslehrer in ihrem Seltenheitswert bedroht ist, auf der anderen Seite in ihrer moralischen Autorität als Fürstenberater oder Seelsorger der Massen durch die Heraufkunft einer Industriebourgeoisie und durch populäre Bewegungen, die sich ihre Ziele selbst setzen. Dieses Verhältnis wiederholt sich spezifizierend in der Beziehung der Philosophie zu den anderen Fachdisziplinen: Seit dem Ende des 19. Jahrhunderts in ihrem Anspruch auf geistige Dominanz in Frage gestellt sowohl durch die Entwicklung einer auf ihre eigenen Grundlagen reflektierenden Naturwissenschaft als auch das Auftreten von Sozialwissenschaften mit dem erklärten Ziel, sich die traditionellen Gegenstände der philosophischen Reflexion zu eigen zu machen, befindet sich die Zunft der Professionellen der Reflexion seither in einem permanenten Zustand der Mobilisierung gegen den Psychologismus und nicht zuletzt den Positivismus, der Philosophie auf *Wissenschaftstheorie* begrenzen will (Adjektive wie *naturwissenschaftlich* und *positivistisch* funktionieren selbst bei den Historikern wie letztinstanzliche Urteile).[4] In den Augen einer insgesamt sehr konservativen, von den »Deutschnationalen«[5] beherrschten akademischen Welt ist es die Soziologie, die – als französische Wissenschaft und bar jedes Adels, und (zumal mit Mannheim) sämtlichen Formen extremer Kritik zugeschlagen – alle nur möglichen Makel in sich vereinigt: Nicht verächtlich genug können die Propheten des *Verstehens* von diesem Unternehmen vulgären Reduktionismus (zumal in Gestalt der Wissenssoziologie) sprechen – wenn häufig auch, ohne sie ausdrücklich zu nennen.[6] Diese Beziehung zwischen Philosophie und Wissenschaft gliedert sich schließlich weiter auf in jene Heideggers zu den Neukantianern, das heißt, entsprechend der bereits von den Zeitgenossen vorgenommenen Unterscheidung, der sogenannten südwestdeutschen Schule mit Windelband und dann Rickert, dem Doktorvater Heideggers, sowie der Marburger Schule, deren Hauptvertreter, Hermann Cohen, für die Ideologen des Dritten Reiches ein rotes Tuch war.[7] Windelband, Professor in Heidelberg, dessen Nachfolger Husserl sein wird, kritisiert Cohens Abgleiten in den agnostischen Positivismus und nimmt damit gewissermaßen schon die kritischen Einwände vorweg, die Heidegger gegen die Kantische Kritik der Metaphysik erheben wird: Die empiristische Erkenntnistheorie, die die Marburger Schule in Kants Werk entdeckt, führt ihrer Tendenz nach zu einer Ersetzung der philosophischen Kritik durch die psychologische und genetische Analyse, läßt jene auf der einen Seite zu Hume, auf der anderen zu Comte neigen; Ergebnis ist die Auflösung der Philosophie in Erkenntnistheorie.[8] Ein stärker metaphysisch inspirierter Kantianismus wird daneben von Alois Riehl, der sich mehr der *Naturphilosophie* zuwendet, sowie jenem weiteren Lehrer Heideggers, Emil Lask, vertreten, der, wie Gurvitch richtig bemerkt, die transzendentale Analyse in ontologische Metaphysik verwandelt.[9] Ihnen gegenüber behaupten sich Cohen und Cassirer als die ehrenvollen Erben der großen liberalen Tradition und des europäischen Humanismus der Aufklärung. So versucht Cassirer zu zeigen, daß »die Idee der republikanischen

Verfassung ... in der deutschen Geistesgeschichte keineswegs ... ein äußerer Eindringling ist«, sondern im Gegenteil die Vollendung der idealistischen Philosophie darstellt.[10] So vertritt Cohen eine sozialistische Interpretation Kants, worin der kategorische Imperativ, der den anderen als Zweck und nicht Mittel zu behandeln heißt, als moralisches Programm der Zukunft gedeutet wird. (»Die Idee der Zweckversorgung der Menschheit wird dadurch zur Idee des Sozialismus, daß jeder Mensch als Endzweck, als Selbstzweck definiert wird.«[11])

Aufgrund der beherrschenden Position der verschiedenen Vertreter des Neukantianismus definieren sich die Inhaber der anderen bedeutenden Positionen in bezug auf sie (oder genauer: gegen sie) wie zugleich auch gegen die Psychologien des empirischen Bewußtseins (Psychologismus, Vitalismus oder Empirio-Kritizismus), die einige Neukantianer überdies durch eine abwegige transzendentale Analyse gestützt zu haben scheinen. Die anderen Positionen: Da ist zunächst die Husserlsche Phänomenologie, in sich gespalten in eine antipsychologistische transzendentale Logik und in eine Ontologie. Da ist die mehr oder weniger direkte Nachkommenschaft der *Lebensphilosophie*, jetzt stärker auf Kulturphilosophie ausgerichtet; auch sie ist in zwei Varianten vertreten: einer universitären, mit den Erben Diltheys (dessen Einfluß auf Heidegger bekannt ist) und in gewisser Hinsicht Hegels, also Lipps, Litt und Spranger; einer stärker popularisierten, vulgären in Gestalt eines Ludwig Klages etwa, der, von Bergson beeinflußt, der neokonservativen Literatur nahesteht (mit der Schwärmerei für *Einfühlung* und *Anschauung* und dem Rückgriff auf grob vereinfachte Alternativen wie Leib und Seele als Fundament für eine von Leidenschaften geschürte Kritik der Intellektualisierung der Welt und der Herrschaft der Technik). Und da ist schließlich auch der logische Positivismus eines Wittgenstein, Carnap und Popper: In einem 1929 veröffentlichten Manifest geißeln dessen Vertreter die semantischen Konfusionen, die in der Universitätsphilosophie herrschten, und erklären ihre Sympathie für die progressiven Bewegungen; Carnap äußert den Verdacht, daß diejenigen, die auf sozialem Gebiet an Vergangenem festhalten, wohl auch überkommene Einstellungen in Metaphysik und Theologie nicht aufgeben.[12]

So also sah der Raum der Möglichkeiten des unterschwellig von zwei großen verdrängten Figuren (dem Marxismus und der reaktionären Metaphysik der »konservativen Revolutionäre«) heimgesuchten philosophischen Feldes zu dem Zeitpunkt aus, da Heidegger nach dem Abitur in Konstanz darin eintrat. Zu diesem Zeitpunkt und an diesem Ort dem philosophischen Feld anzugehören, das hieß mit einem Problem und einem Programm konfrontiert zu werden, das, in den grundlegenden Gegensätzen seiner Struktur angelegt, wie folgt lautete: Wie kann die Philosophie des transzendentalen Bewußtseins ohne Rückfall in den Realismus bzw. Psychologismus des empirischen Subjekts oder, noch schlimmer, in eine beliebige Form des »historizistischen« Reduktionismus überwunden werden? Die Einzigartigkeit des philosophischen Unternehmens von Heidegger besteht in dem Versuch, durch einen philosophisch revolutionären Gewaltstreich innerhalb des Feldes der Philosophie eine neue Position *ins Leben zu rufen*, der gegenüber sich alle anderen Positionen definieren sollten: Der Ruf nach dieser Position, für die es in gewissen Bemühungen um Überwindung des Kantianismus zwar Hinweise gab, aber die innerhalb der legitimen, das heißt universitär institutionalisierten Problematik fehlte, kam gewissermaßen von außerhalb des Feldes, von politischen und literarischen Bewegungen wie dem George-Kreis; es waren Studenten und junge Assistenten, die sie in Gestalt besonderer Erwartungen und Präokkupationen dann in das Feld hineintrugen. Um das bestehende Kräfteverhältnis in diesem Bereich nachhaltig zu erschüttern und ketzerischen, das heißt auch potentiell als vulgär einstufbaren philosophischen Positionen eine bestimmte Achtbarkeit zu vermitteln, bedurfte es der »revolutionären« Einstellungen eines »Rebellen« (Jüngers *Waldgänger*) im Verein mit der besonderen Autorität, die ein im Feld selbst akkumuliertes bedeutendes Kapital verleiht. Als vormaliger Assistent von Husserl (seit 1916) genießt der 1923 in Marburg zum ordentlichen Professor ernannte Heidegger das schillernde Prestige eines avantgardistischen Denkers, der in Krisenzeiten imstande ist, in und außerhalb der Universität einen gleichermaßen revolutionären und konservativen Diskurs durchzusetzen. Die Propheten und allgemeiner die Häretiker sind ja häufig, wie Weber am antiken Judentum beobachtete, Überläufer der Priesterkaste, die ein seinem Umfang nach bedeutendes spezifisches Kapital in die Unterminierung der Priesterordnung einsetzen, wobei sie aus der erneuerten Auslegung der kanonischen Quellen das Rüstzeug für eine Revolution schöpfen, die sich zum Ziel setzt, die Tradition in ihrer ursprünglichen Authentizität wiederherzustellen.

Als praktischer Operator der zwischen einer philosophischen und einer politischen Position sich herstellenden Homologie (auf der Grundlage jener von philosophischem und politischem Feld) fungiert der spezifische Habitus dieses »ordentlichen Philosophen«, der, ländlichen Kleinbürgerkreisen entstammend, Politik nicht anders denken und formulieren kann als mit den Schemata und Worten der Ontologie – so daß ihm eine Rede als nationalsozialistischer Rektor notwendig zu einem metaphysischen Glaubensbekenntnis geraten muß. In diesem Habitus sind alle Dispositionen und Interessen vereinigt, die ebenso an die in verschiedenen Feldern eingenommenen Positionen gebunden sind (also im sozialen Raum die des *Mittelstandes* und der universitären Fraktion dieser Klasse, innerhalb der Struktur des universitären Feldes die des Philosophen usw.) wie an die zu jenen Positionen hinführende *Laufbahn* – die des Akademikers der ersten Generation, der ungeachtet seines Erfolges im intellektuellen Feld einen prekären Status innehat. Dieser Habitus ist es, der, als Produkt der Konvergenz vielfacher relativ eigenständiger Determinanten, die fortwährende Integration der aus unterschiedlichen Ordnungen erwachsenden Bestimmungen in wesentlich *überdeterminierte* Praktiken und Produkte vollbringt (wenn man nur an die Thematik des Ursprungs denkt).

Auf Heideggers soziale Laufbahn dürfte denn auch sein einzigartiges polyphones Vermögen, jene Kunst zurückzuführen sein, die ihn befähigte, Probleme, die als ungeordnete im philosophischen wie politischen Feld bereits virulent waren, zu vereinigen und zugleich den Eindruck zu vermitteln, sie »radikaler«, »tiefgründiger« gestellt zu haben als je einer vor ihm. Da sie durch eine Vielzahl sozialer Welten führt, prädestiniert eine aufsteigende Laufbahn besser als eine auf gleicher Höhe verlaufende dazu, sich in vielfältigen Denk- und Sprachräumen gleichzeitig aufzuhalten, sich zum Beispiel auch an ein anderes Publikum als nur die Vertreter der eigenen Zunft wenden zu können (wie das der mehr oder minder phantasmagorischen, vor allem für und durch die Verweigerungsbedürfnisse des entwurzelten Intellektuellen existierenden »Bauern«); und vielleicht war es tatsächlich der späte und rein schulmäßige Erwerb der Gelehrtensprache, wodurch jene Beziehung zur Sprache gefördert wurde, die erlaubte, auf der gesamten Gelehrtenklaviatur der Alltagssprache zu spielen und zugleich die Alltagsklaviatur der Gelehrtensprache aufzudecken (darauf beruht ja unter anderem der prophetische *Verfremdungs*effekt, den *Sein und Zeit* ausübte).[13] Martin Heideggers einzigartige Stellung innerhalb des philosophischen Feldes muß allerdings höchst unverständlich bleiben, wenn nicht auch das schwierige und spannungsreiche, aus einer sozial unwahrscheinlichen, also seltenen Laufbahn herrührende Verhältnis zur intellektuellen Welt berücksichtigt wird. Denn außer Zweifel steht, daß Heideggers Feindschaft gegenüber den Großmeistern des Kantianismus, zumal Cassirer, in einem tiefsitzenden Antagonismus der Habitusformen seine Wurzel hatte: » ... dieser kleine braunschwarze Mann, dieser gute Skiläufer und Sportsmann, mit seiner energischen, unverrückbaren Miene, dieser herbe und abweisende, manchmal geradezu derbe Mensch, der in imponierender Abgeschlossenheit mit dem tiefsten sittlichen Ernste dem von ihm gestellten Probleme lebt und dient, auf der einen Seite, und jener andere mit seinen weißen Haaren, nicht nur äußerlich, sondern auch innerlich ein Olympier mit weiten Gedankenräumen, mit umfassenden Problemstellungen, mit seiner heiteren Miene, seinem gütigen Entgegenkommen, seiner Vitalität und Elastizität und nicht zuletzt seiner aristokratischen Vornehmheit auf der anderen. Was für eine Philosophie man habe, daß dies davon abhänge, was für ein Mensch man sei, ist uns an diesen beiden Männern nicht nur klar, sondern zur Gewißheit geworden.«[14] Man muß auch Frau

Cassirer zitieren, die schrieb: »Auf Heideggers merkwürdige Erscheinung waren wir ausdrücklich vorbereitet worden; seine Ablehnung jeder gesellschaftlichen Konvention war uns bekannt, ebenso seine Feindschaft gegen die Neukantianer, besonders gegen Cohen. Auch seine Neigung zum Antisemitismus war uns nicht fremd.[15] (...) Alle Gäste waren in Abendtoilette erschienen, die Herren alle im Frack. Vor Ablauf der zweiten Hälfte des Diners, das durch lange Ansprachen ausgedehnt worden war, öffnete sich die Tür, und ein kleiner, ganz unscheinbarer Mann betrat, scheu wie ein Bauernkind, das man durch die Türe eines Schlosses stößt, den Saal. Er hatte schwarzes Haar, stechende dunkle Augen und erinnerte mich sofort an einen Handwerker, etwa aus dem südlichen Österreich oder Bayern; ein Eindruck, der bald durch seinen Dialekt unterstützt wurde. Er war in einen unmodernen schwarzen Anzug gekleidet...« Einige Zeilen später: »Für mich war sein tödlicher Ernst und seine völlige Humorlosigkeit das Bedenklichste.«[16]

Gewiß sollte man sich vom äußeren Schein nicht blenden lassen: Dem »existentiellen Anzug«[17] und dem Dialekt haftet bei diesem schon von der Bewunderung seiner Lehrer und Schüler umgebenen »glanzvollen« Hochschullehrer etwas Ostentatives an.[18] All das, wie auch die idealisierende Bezugnahme auf die bäuerliche Welt, riecht nach Pose und könnte auch nichts anderes sein als die Bestrebung, eine schwierige Beziehung zur intellektuellen Welt in eine philosophische Attitüde umzustilisieren. Heidegger, dieser »brillante« Aufsteiger, dieser Ausgeschlossene, der seinerseits ausschließt, führt in die intellektuelle Welt eine andersartige Manier ein, das intellektuelle Leben zu leben, eine »ernstere«, »bemühtere« (etwa im Verhältnis zu den Texten und im Gebrauch der

Sprache), aber auch *totalere* Manier: die des *denkerischen Vorbilds,* das eine umfassendere und unteilbarere Vollmacht fordert als die Verteidiger einer auf Reflexion auf die Wissenschaft verkürzten Philosophie, und das dafür, dieser seiner pastoralen Mission und Rolle als moralisches Gewissen des Gemeinwesens wegen, den totalen und unbedingten Einsatz einer exemplarischen Existenz schuldig ist.

Die doppelte Verweigerung, die der aristokratische Populismus Heideggers einschließt, ist vermutlich nicht ohne Verbindung zu der mehr oder weniger von Empörung getragenen Vorstellung, die er als Intellektueller der ersten Generation von dem haben kann, was ihm als eine paradoxe Umkehrung erscheinen muß, nämlich die »demokratischen«, »republikanischen«, wenn nicht gar »sozialistischen« Einstellungen derer, die er als Großbürger wahrnimmt und von denen er sich seinem Gefühl nach in jeglicher Hinsicht, nicht zuletzt aber unter dem Aspekt der »Eigentlichkeit« und Ernsthaftigkeit seiner populistischen Überzeugungen getrennt weiß. Wie sollte man in jener Reihe von Gegensatzpaaren, die den Kern dieses ausgearbeiteten Systems ausmachen, nicht den gleichsam instinktiven Antagonismus wiedererkennen, der ihn von diesem geschwätzigen und nichtssagenden Humanismus schroff absetzt – in Gegensätzen also wie dem zwischen der *Verschwiegenheit,* vollkommener Ausdruck der Eigentlichkeit, und dem *Gerede* oder *Geschwätz;* zwischen der *Bodenständigkeit,* dem Kern der Ideologie vom »Boden« und von den »Wurzeln«, und der *Neugier,* gleichgesetzt (wohl durch Vermittlung einer platonischen Topik) mit der Beweglichkeit, Mobilität des emanzipierten Denkens und dem Entwurzeltsein des heimatlosen, des in der *Irrnis* wandelnden (anderes Schlüsselwort), im Klartext: *jüdischen* Intellektuellen[19]; oder schließlich zwischen der alles ins Falsche verkehrenden Raffinesse und Spitzfindigkeit der jüdisch-städtischen »Modernität« und der archaischen, dörflichen, vorindustriellen Schlichtheit des Bauern, dem gegenüber der städtische Arbeiter, Urbild des »Man«, was der heimatlose, der bindungs- und wurzellose Intellektuelle ohne Glaube und Gesetz gegenüber dem »Hirten« des Seins ist.[20]

Die moralische Entrüstung und das Abgestoßensein von bestimmten Sitten der Intellektuellen und Studenten wird in manchen Zeugnissen und Erklärungen nachgerade handgreiflich: »Alle ›Kultur‹-Philosophie war ihm ein Greuel, philosophische Kongresse nicht minder, die Fülle der Zeitschriften, die nach dem Kriege erschienen, erregten seinen pathetischen Ingrimm ... Von Scheler schrieb er mit bitterer Strenge, er ›erneuere‹ zur Abwechslung Eduard v. Hartmann, während andere Gebildete nebst dem Logos noch ein ›Ethos‹ und einen ›Kairos‹ herausgäben. ›Und was wird der Witz der nächsten Woche sein? Ich glaube, ein Tollhaus hat einen klareren und vernünftigeren Innenaspekt als diese Zeit.‹« (K. Löwith, *Mein Leben in Deutschland vor und nach 1933*, S. 28) Und ein ganzer Vorstellungskomplex vom unbekümmerten und leicht(fertig)en Leben der (bürgerlichen?) Studenten verrät sich noch zwischen den Zeilen der Botschaft des nationalsozialistischen Rektors: »Die vielbesungene ›akademische Freiheit‹ wird aus der deutschen Universität verstoßen; denn diese Freiheit war unecht, weil nur verneinend. Sie bedeutete vorwiegend *Unbekümmertheit, Beliebigkeit* der Absichten und Neigungen, *Ungebundenheit* im Tun und Lassen. Der Begriff der Freiheit des deutschen Studenten wird jetzt zu seiner Wahrheit zurückgebracht.« (M. Heidegger, *Die Selbstbehauptung der deutschen Universität*, Frankfurt am Main 1983, S. 15; von P. B. hervorgehoben) Aus anderer Quelle (vgl. Hühnerfeld, l. c., S. 51) ist bekannt, daß Heidegger keinen seiner Kollegen sonderlich schätzte und auf keinen Fall sich mit einer nurmehr »dahinvegetierenden« akademischen Philosophie abgeben wollte.

Und so ist in der schwärmerischen Erfahrung einer idealisierten Welt der Bauern wohl auch eher der umgeleitete und sublimierte Ausdruck des zwieschlächtigen Verhältnisses zur intellektuellen Welt zu sehen als das Fundament einer derartigen Erfahrung. Als Kostprobe mögen einige Zitate, die für sich sprechen, aus der auch im Rundfunk gesendeten Rede Heideggers genügen, in der er seine Ablehnung der Berufung auf einen Berliner Lehrstuhl begründet: »Wenn in tiefer Winternacht ein wilder Schneesturm mit seinen Stößen um die Hütte rast und alles verhängt und verhüllt, dann ist die hohe Zeit der Philosophie. Ihr Fragen muß dann einfach und wesentlich werden. (...) Und die philosophische Arbeit verläuft nicht als abseitige Beschäftigung eines Sonderlings. Sie gehört mitten hinein in die Arbeit der Bauern. (...) Der Städter meint, er ginge ›unter das Volk‹, sobald er sich mit einem Bauern zu einem langen Gespräch herabläßt. Wenn ich zur Zeit der Arbeitspause abends mit den Bauern auf der Ofenbank sitze oder am Tisch im Herrgottswinkel, dann reden wir meist gar nicht. Wir rauchen schweigend unsere Pfeifen. (...) Die innere Zugehörigkeit der eigenen Arbeit zum Schwarzwald und seinen Menschen kommt aus einer jahrhundertelangen, durch nichts ersetzbaren alemannisch-schwäbischen Bodenständigkeit.« (M. Heidegger, *Warum bleiben wir in der Provinz?*, zitiert in: G. Schneeberger, *l. c.*, S. 216 f.) An späterer Stelle berichtet Heidegger, wie er, nachdem er eine zweite Berufung nach Berlin erhalten hatte, zu seinem »alten Freund, einem 75 jährigen Bauern« kommt, der ihm wortlos zu verstehen gibt, daß er ablehnen sollte – eine Anekdote, der ein Platz in der philosophischen Hagiographie, neben dem Heraklitschen Backofen, im voraus sicher ist.

Die Historiker der Philosophie vergessen allzu oft, daß die großen philosophischen Optionen, die Markierungspunkte gleichsam des Raums der Möglichkeiten (Neukantianismus, Neo-Thomismus, Phänomenologie usw.), sich in der sinnlich wahrnehmbaren Gestalt von Personen präsentieren, die – in Verbindung mit den ethischen Dispositionen und politischen Voten, die ihnen eine konkrete

Physiognomie verleihen – nach ihrem Verhalten und Auftreten, ihrer Sprache und ihrem Aussehen (»weiße Haare«, »Olympier«) erfaßt werden. Durch den Bezug auf diese in Sympathie wie Antipathie, Entrüstung wie Komplizenschaft sinnlich und synkretistisch wahrgenommenen Konfigurationen werden die Positionen erfahren und die Stellungnahmen definiert: An diesen überdeterminierten Indizien orientiert sich der für das erfolgreiche Stellen und Umstellen im philosophischen Feld erforderliche Sinn, das Gespür für das gleichermaßen ethische, politische und philosophische Spiel, um ein philosophisches Projekt zu entwerfen, das auf der praktischen Ebene die »konservative Revolution« mit dem konterrevolutionären Umsturz der neukantianischen Kritik der Metaphysik und der »Herrschaft der Vernunft« vermischt.

Heidegger setzt die verhältnismäßig seltene spezifische Kompetenz, die er ebenso auf der Jesuiten-, dann Theologenschule in Freiburg wie bei der von Amts wegen geforderten Lektüre der philosophischen Autoren erworben hat, nun bei einem Unternehmen der Infragestellung ein, das sowohl *radikal* (ein in den Äußerungen und Briefen allenthalben auftauchendes Adjektiv) sein soll als auch universitär achtbar. Dieser augenscheinlich widersprüchliche Ehrgeiz führt zur symbolischen Vereinigung der Extreme: So versucht er, innerhalb der Theologie ohne Gott einer initiationshaften Universität, den esoterischen Aristokratismus kleiner Zirkel wie des George-Kreises, denen er seine Modelle intellektueller Vollkommenheit entlehnt (denken wir an die Wiederentdeckung Hölderlins durch von Hellingrath oder an Reinhardts *Parmenides*), mit der Naturmystik der *Jugendbewegung* oder der anthroposophischen Bewegung eines Steiner zu versöhnen, die die Rückkehr zur ländlichen Einfachheit und Schmucklosigkeit, die Wanderungen in den Wäldern, Naturkost und handgewebte Kleidung propagieren. Der aufgeblasene, schwülstige Wagnersche Stil – weit entfernt, wenn auch wohl unabsichtlich, von den herrlichen anti-wagnerschen Rhythmen und metrischen Spielereien eines Stefan George –, die Form von Avantgardismus, die darin besteht, die kanonischen Autoren zu »entbanalisieren«[21], die Rückwendung zur Welt des »Besorgens«, zum »Zuhandenen«, zur alltäglichen Existenz[22], der provinzielle Asketismus eines Konsumenten von Naturerzeugnissen und regionaler Trachtenkleidung, gleichsam eine kleinbürgerliche Karikatur des ästhetizierenden Asketismus der großen Eingeweihten, der Kenner italienischer Weine und mediterraner Landschaften, Mallarméscher Poesie und präraffaelitischer Kunst, antik gestylter Gewänder und Dantescher Profile –: alles in dieser professoralen, das heißt »demokratisierten« Variante des Aristokratismus verrät untrüglich den von der Aristokratie Ausgeschlossenen, der den Aristokratismus nicht auszuschließen vermag.

Es genügt, die Heideggersche Sprache wieder dem Raum der zeitgenössischen Sprechweisen einzufügen, aus dem ihre Distinktion und ihr sozialer Wert sich objektiv ergeben, um zu erkennen, daß diese höchst unwahrscheinliche Kombination von Stilen, die Heidegger gelingt, streng homolog ist der ideologischen Kombination, die sie zu transportieren hat: Also, um nur die relevantesten Elemente anzuführen, die konventionelle und hieratische Sprache der post-mallarméschen Dichtung à la Stefan George, die akademische Sprache des neukantianischen Rationalismus eines Cassirer, schließlich die Sprache der »Theoretiker« der »konservativen Revolution«

wie Moeller van den Bruck[23] oder, im Politischen Heidegger näherstehend, Ernst Jünger.[24] Im Unterschied zur streng ritualisierten und – innerhalb ihres Vokabulars vor allem – äußerst gereinigten Sprache der nachsymbolistischen Dichtung nimmt die Heideggersche Sprache, als deren Transposition auf die philosophische Ebene und kraft des Spielraums, den die genuin konzeptuelle Logik der *Begriffsdichtung* eröffnet, auch solche Worte (zum Beispiel *Fürsorge*) und Themen in sich auf, die ebenso aus dem esoterischen Sprachschatz der großen Eingeweihten[25] wie dem stark neutralisierten der Universitätsphilosophie verbannt sind. Sich ermächtigend im Namen der philosophischen Tradition, derzufolge wir uns der unendlichen Potentialitäten des Denkens bedienen sollen, die Alltagssprache[26] und landläufige Sprichworte in sich bergen, führt Heidegger – in Anlehnung an die von ihm wohlgefällig kommentierte Parabel vom Heraklitschen Backofen – Worte und Dinge in die akademische Philosophie ein, die bisher von dieser ausgeschlossen waren. Den »konservativen Revolutionären« nahestehend, von deren Begriffen und Thesen er einigen die höheren philosophischen Weihen erteilte, unterscheidet er sich von diesen doch durch die Formgebung, die die »gröbsten« Anleihen dadurch sublimiert, daß sie sie jenem Gewebe aus Laut- und Bedeutungsresonanzen einfügt, das die Hölderlinsche Begriffsdichtung des akademischen Propheten kennzeichnet. Dies alles läßt dessen Sprache zum Antipoden des klassischen Universitätsstils in den verschiedenen Varianten seiner kalten Strenge werden: der eleganten und transparenten bei Cassirer, der gequälten und obskuren bei Husserl.

III
Eine »konservative Revolution« in der Philosophie

Heidegger, dieser konservative Revolutionär in der Philosophie, stellt den Analytiker vor eine kaum zu überwindende Schwierigkeit. Um diese Revolution in ihrer Besonderheit zu begreifen und dem Vorwurf der »Naivität« zu entgehen, muß er zwangsläufig in das philosophische Spiel eintreten (was eingedenk der an die *illusio* gebundenen subjektiven wie objektiven Gewinne erheblichen Umfangs in gewisser Hinsicht nur allzu leicht ist) und die Voraussetzungen akzeptieren, die, dem philosophischen Feld und dessen Geschichte immanent, auch noch Fundament einer Subversion bleiben, welche als philosophische Revolution nur so lange bestehen kann, wie es gelingt, diese Voraussetzungen aller Infragestellung zu entziehen.[1] Um zugleich aber auch diese Revolution und die sozialen Bedingungen ihres Auftretens zu objektivieren, muß die philosophische Doxa und die besondere »Naivität« des unmittelbar Beteiligten wirksam außer Kraft gesetzt werden, der Objektivierende sich somit der Gefahr aussetzen, als Spielfremder, das heißt als unbeteiligt und inkompetent zu erscheinen, was zur Folge haben könnte, daß der Glaube intakt bleibt, ja das Selbstbild, das das reine Werk zu vermitteln sucht, nämlich das einer jedweder »Reduktion« unzugänglichen, unantastbaren, sakralen Wirklichkeit, noch bestärkt wird.[2]

Ohne je sicher zu sein, der unvermeidlichen Zwieschlächtigkeit einer stets vom Rückfall in falsch verstandene Rücksichtnahme oder Unverständnis bedrohten

Analyse zu entkommen, geht es der vorliegenden Studie um die Beschreibung der eigentlichen sozialen Dimension von Strategien, denen – weil im sozialen Mikrokosmos des philosophischen Feldes hervorgebracht – ein gleichermaßen sozialer und philosophischer Charakter eignet. In der Tat gehen wir hier von der Voraussetzung aus (eine explizit formulierte Voraussetzung wird methodologisches Postulat), daß jedes genuin philosophische Interesse – und zwar in seiner Existenz als *libido sciendi* ebenso wie in seiner Ausrichtung und den Punkten, an denen es ansetzt – durch die Stellung innerhalb der Struktur des philosophischen Feldes zu einem jeweiligen Zeitpunkt und, vermittelt über sie, durch dessen gesamte Geschichte bestimmt wird; wobei diese Geschichte unter bestimmten Bedingungen zur Grundlage einer tatsächlichen Überwindung der an die Historizität gebundenen Schranken werden kann.[3]

Es besteht kein Zweifel daran, daß Heideggers Einsätze – und genau darin ist er Philosoph – in der Hauptsache, wenn nicht ausschließlich, dem philosophischen Feld eingeschrieben sind und daß es ihm in vorderster Linie um Stiftung einer neuen philosophischen Position ging, die wesentlich in bezug auf Kant oder, genauer, auf die Neukantianer definiert war. Diese dominieren das Feld unter Berufung auf ein symbolisches Kapital, das zur Bürgschaft für orthodoxe philosophische Unternehmungen erhoben worden war: das Kantsche Werk und die Kantsche Problematik. Mittels dieser Problematik, die sich im sozialen Raum niederschlägt in Gestalt der unter den Neukantianern ausgetragenen Konflikte um das Erkenntnis- und das Wertproblem – die legitimen Fragen dieser Zeit –, gibt das philosophische Feld und geben die es Dominierenden dem subversiven Unternehmen des

Newcomers Ziel (und Grenzen) vor. Ausgestattet mit einer umfänglichen Bildung sowohl orthodoxen (Heidegger veröffentlicht eine Reihe von Rezensionen zu Werken über Kant, unter besonderer Berücksichtigung von dessen Verhältnis zu Aristoteles) als auch heterodoxen, wenn nicht sogar häretischen Zuschnitts (wovon seine Habilitation über Duns Scotus zeugt), geht Heidegger diese Probleme gewissermaßen mit einer – um einen Begriff aus dem politischen Sprachgebrauch zu verwenden – *theoretischen Linie* an. Diese, im tiefsten Inneren des Habitus verwurzelt und damit Grundlage sämtlicher Optionen in allen Feldern, läßt sich nicht auf die Logik des philosophischen Feldes allein zurückführen. Vergegenwärtigt man sich die Homologien zwischen politischem, universitärem und philosophischem Feld, nicht zuletzt die sie strukturierenden zentralen Gegensätze, so die politische Antithese zwischen Liberalismus und Marxismus, die akademische zwischen den traditionellen Geisteswissenschaften (darunter auch die Philosophie) und den Naturwissenschaften samt deren positivistischen Fortsätzen oder den Wissenschaften vom Menschen samt deren Gefolge von »Psychologismus«, »Historizismus« und »Soziologismus«, und schließlich auch die philosophische Antithese zwischen den mannigfachen Spielarten des Neukantianismus, deren Trennlinien, wie »rein« auch immer, gleichwohl nicht frei sind von Resonanzen auf der Ebene der (auch universitären) Politik –: vergegenwärtigt man sich dies alles, dann ist der Schluß nicht von der Hand zu weisen, daß die Entscheidungen, die der philosophische Sinn – als Sinn für die theoretische Linie – auf der Ebene des Philosophischen trifft, und zwar sicherlich in der Illusion, dabei vollkommen frei von politischen oder akademischen Bestimmungen zu verfahren, in der Tat unausweichlich ebenso politisch wie akademisch *überdeterminiert* sind. Keine philosophische Entscheidung – etwa sich mehr der Anschauung als dem begrifflichen Denken und der Urteilskraft zu verschreiben, mehr auf die transzendentale Ästhetik als die transzendentale Analytik, mehr auf die poetische als die diskursive Sprache zu setzen –, die nicht zusätzlich eine akademische und politische Option enthielte und gerade dieser mehr oder weniger unbewußt übernommenen sekundären Entscheidung einen Teil ihrer tiefstgreifenden Determinierungen verdankte.

Der außergewöhnlich polyphone und polysemantische Charakter des Heideggerschen Denkens läßt sich unzweifelhaft auf dessen Fähigkeit zurückführen, auf stimmige Weise in mehreren Registern gleichzeitig sprechen zu können, in einer rein philosophischen Kritik rein philosophischer (dennoch politisch belasteter) Auslegungen des Kantschen Werkes gleichermaßen den Sozialismus, die Wissenschaft und den Positivismus heraufzubeschwören. In einem Feld ist jede Bestimmung Negation, und so vermag keine theoretische Linie (wie andernorts keine politische Linie oder ästhetische Konzeption) Stellung zu beziehen, ohne zugleich Front zu beziehen, also sich negativ gegen konkurrierende Linien zu behaupten. Weil den beiden konträren Ablehnungen an den zwei Gliedern der strukturell homologen Alternativen dasselbe Prinzip zugrunde liegt, sind die in unterschiedlichen mentalen (und sozialen) Räumen angebotenen Lösungen (allemal solche des dritten Wegs) unmittelbar aufeinander abgestimmt, weil strukturell gleichwertig.

Sich mit der neukantianischen Problematik auseinanderzusetzen, und zwar in ihrer den eigenen ethisch-politischen Dispositionen am schroffsten (ja am unsympathischsten) gegenüberstehenden Variante (mit Cohen) wie in ihrer ausgefeiltesten, am vollkommensten restaurierten und erneuerten Variante (mit Husserl, seinem Intim-Gegner), bedeutet, auf dem Hintergrund der Homologie der Räume den Eindruck zu vermitteln, bestimmte Probleme, die im universitären (welcher Status kommt Wissenschaft und Philosophie jeweils zu?) und – im Gefolge der kritischen Ereignisse von 1919 – im politischen Feld auftreten, auf der profundesten, radikalsten Ebene zu stellen. Indem Heidegger es wie in seinem Werk *Kant und das Problem der Metaphysik* ablehnt, nach den begründungslogischen Voraussetzungen einer als faktisch gesetzten Wissenschaft zu fragen, kehrt er das Verhältnis der Unterordnung zwischen Philosophie und Wissenschaft um, das der Neukantianismus, darin dem Positivismus verwandt, um den Preis einer Verkürzung der Philosophie auf bloße Reflexion über Wissenschaft tendenziell herstellt. Indem er die Philosophie zur Wissenschaft der Begründung erhebt, die begründet, aber selbst nicht begründet werden kann, gibt er ihr jene Autonomie zurück, die ihr durch die begründungslogische Analyse der Marburger Schule entzogen worden war, und macht zugleich die ontologische Frage nach dem Sinn des Seins zur Voraussetzung des Fragens nach der Geltung der positiven Wissenschaften.[5]

Diese revolutionäre Umkehrung, typisches Beispiel für das, was man gerne *salva reverentia* nennen möchte, die Strategie der *Wesentlichkeit*, zieht eine weitere nach sich. Ohne jener Logik bis ans Ende zu folgen, die ihn zur Privilegierung des Problems der Urteilskraft gegenüber dem der transzendentalen Einbildungskraft führt, das heißt, ohne ganz dem absoluten Idealismus zu verfallen, reduziert Cohen doch die Anschauung auf den Begriff und die Ästhetik auf die Logik und setzt damit, unter Ausklammerung des Begriffs des Dings an sich, tendenziell die vollendete Synthese der Vernunft (die der Hegelsche Panlogismus postuliert) an die Stelle der unvollendeten Synthese des Verstandes. Indem Heidegger nun gegen Cohen auf das zurückgreift, was sich über die These vom unvollendeten Charakter des Wissens verrät, nämlich die Endlichkeit, stellt er erneut den Vorrang der Anschauung wie der Ästhetik her und erhebt die existentiale Zeitlichkeit zum transzendentalen Fundament einer reinen sinnlichen Vernunft.

Die philosophische Strategie ist untrennbar damit politische Strategie im philosophischen Feld: Auf dem Fundament der kantischen Kritik einer jeden Metaphysik selbst noch Metaphysik aufzudecken, bedeutet, das mit der kantischen Tradition verknüpfte Kapital an philosophischer Autorität gewissermaßen zu entwenden und dem »*wesentlichen Denken*« zuzuschlagen, das in der »seit Jahrhunderten verherrlichte(n) Vernunft die hartnäckigste Widersacherin des Denkens«[6] aufspürt. Mit dieser souveränen Strategie lassen sich die Neukantianer schlagen – und das unter Berufung auf das kantische Denken. Zugleich ermöglicht sie auf diese Weise, sich die Vorteile aus beidem zunutze zu machen: der Anfechtung des Kantianismus und der kantischen Autorität – nicht wenig in einem Feld, in dem jegliche Legitimität von Kant ausgeht.

Cassirer, gegen den unter anderen der Angriff in erster Linie gerichtet war, hat sich darin durchaus nicht getäuscht, und so läßt er denn auch aus Anlaß einer Rezension des Kant-Buches von Heidegger die akademische »Zurückhaltung« fallen, um statt dessen in den offen reduktionistischen Duktus von Aneignung und Monopol zu verfallen[7]: »So soll sich denn auch, gerade der Kantischen Philosophie gegenüber, niemand in der dogmatischen Sicherheit des Besitzes wiegen, sondern jeden Anlaß wahrnehmen, sie sich *aufs neue zu erwerben*. Um den Versuch eines solchen *Neuerwerbs* der Kantischen Grundposition handelt es sich in Heideggers Buch.« (Ernst Cassirer, »Kant und das Problem der Metaphysik – Bemerkungen zu Martin Heideggers Kant-Interpretation«, in: *Kant-Studien*, Bd. 36, 1931, S. 5) Die Ambiguität des Begriffs »Neuerwerb« ist an sich bezeichnend. Sie wird an anderer Stelle erhellt: »Hier spricht Heidegger nicht mehr als Kommentator, sondern als *Usurpator*, der gleichsam mit Waffengewalt in das Kantische System eindringt, um es sich zu unterwerfen und um es seiner Problematik dienstbar zu machen. Dieser Usurpation gegenüber muß die Restitution gefordert werden.« (*l. c.*, S. 17) Noch eine Metapher, die wenig später klarer wird: »Was Heidegger als leitende Idee für seine gesamte Kant-Interpretation vorschwebt, ist zweifellos das Bestreben nach einer Überwindung jenes ›Neu-Kantianismus‹, der das Gesamtsystem Kants in seiner Kritik der Erkenntnis zu fundieren, ja zuletzt in bloße Erkenntniskritik aufzulösen versuchte. Ihm setzt er die These von dem originär-›metaphysischen‹ Charakter der Kantischen Problemstellung entgegen.« (*l. c.*, S. 18) Weiter: »Sollte nicht auch Heideggers Hypothese im Grunde eine solche Kriegswaffe sein; stehen wir mit ihr nicht vielleicht, statt auf dem Boden der *Analyse* der Kantischen Gedanken, bereits mitten in der *Polemik* gegen sie?« (*l. c.*, S. 21; von P. B. hervorgehoben) Während der Davoser Debatte weist Heidegger die strategische Analyse Cassirers mit seinem habituellen Gespür für die Verneinung/Verleugnung zurück: »Meine Absicht war nicht die, gegenüber einer erkenntnistheoretischen Interpretation etwas Neues zu bringen und die Einbildungskraft zu Ehren zu bringen.« (Martin Heidegger, *Kant und das Problem der Metaphysik*, 4. erw. Auflage, Frankfurt am Main 1973, S. 260)

Die Neuinterpretation des Kantianismus steht in unmittelbarem Zusammenhang mit der Neuinterpretation der Phänomenologie und der »Überwindung« des Husserlschen Denkens: Der (neu interpretierte) Kant dient zur Überwindung Husserls, der in anderer Hinsicht Kant zu überwinden erlaubt. Das rein phänomenologische Problem des Verhältnisses von reiner Erfahrung (als Anschauung einer vorprädikativen Objektivität) und Urteil (als die Gültigkeit der Synthese begründenden formalen Anschauung) findet in der Theorie der transzendentalen Einbildungskraft jene Lösung, die Husserl sich dadurch verbaut hat, daß er sich in der Suche nach einer transzendentalen Logik verstrickte – obwohl er mit der Entdeckung, wonach der Erkenntnisakt untrennbar damit Verzeitlichung ist, die Möglichkeit für jene Lösung eröffnete. Das Scheitern des Husserlschen Versuchs, eine Platonische Konzeption der Wesenheiten mit der kantischen Konzeption der transzendentalen Subjektivität zu versöhnen, wird überwunden in einer Ontologie der Zeitlichkeit, das heißt der transzendentalen Endlichkeit, die vom Ewigkeitswert des Horizonts der menschlichen Existenz abrückt und dem Urteil sowie der Theorie der Erkenntnis keine intellektuelle, sondern eine sinnliche und endliche Anschauung zugrunde legt. Die – von der Phänomenologie ignorierte – Wahrheit der Phänomenologie und die – von den Neukantianern verdunkelte – Wahrheit der *Kritik der reinen Vernunft* beruht darin, daß »erkennen« bedeutet, »ursprüngliche Anschauungen zu haben«. Die transzendentale Subjektivität als jene, die sich transzendiert, um die objektivierende Begegnung, die Öffnung zum Seienden, zu ermöglichen, ist nichts anderes als die Zeit, die in der Einbildungskraft gründet und die derart die Quelle des Seins als Sein ist.

Die Umkehrung ist radikal: Auch Husserl bezog das Sein auf die Zeit, die Wahrheit auf die Geschichte und warf, zum Beispiel anhand der Frage nach dem Ursprung der Geometrie, mehr oder minder direkt das Problem der Geschichte der Konstituierung der Wahrheit auf – freilich entsprechend einer »Linie«, die sich in einer Philosophie als strenger Wissenschaft und der Verteidigung der Vernunft verkörperte; Heidegger erhebt das Sein der Zeit zur Grundlage des Seins selbst und begründet, durch die Versenkung der Wahrheit in die Geschichte und deren Relativität, eine (paradoxe) Ontologie der immanenten Geschichtlichkeit, eine historizistische Ontologie.[8] In dem einen Fall geht es um Rettung der Vernunft um jeden Preis; im anderen wird sie radikal in Frage gestellt, insofern die Geschichtlichkeit, Grundlage der Relativität, folglich des Skeptizismus, dem Erkennen selbst zugrunde gelegt wird.

Freilich ist das so einfach nicht; die Strategie der radikalen Überwindung führt denn auch zu höchst zwieschlächtigen oder, genauer, *reversiblen* Positionen (was die späteren Kehrtwendungen ohne Lossagung von früher Vertretenem ebenso erleichtern wird wie die Doppelspiele, mit denen Doppelsinnigkeit und doppelzüngiges Einverständnis begünstigt werden). Die Geschichte dem Sein einschreiben, die eigentliche Subjektivität zur auf sich genommenen und damit absoluten Endlichkeit erheben, mitten ins konstituierende »Ich denke« eine ontologische und konstituierende, das heißt dekonstituierende Zeit einführen, bedeutet, den kantischen Umsturz der Metaphysik seinerseits umstürzen, die metaphysische Kritik einer jeden Kritik der Metaphysik vornehmen, heißt im Klartext: die *konservative Revolution* in der Philosophie vollziehen. Und dies anhand einer für die »konservativen Revolutionäre« (insbesondere Jünger) beispielhaften Strategie: sich gleichsam ins Feuer zu werfen, um sich nicht zu verbrennen, alles zu verändern, um nichts zu verändern – mittels eines jener *heroischen Extremakte*, die in der Bewegung des permanenten Überschreitens eines Jenseitigen *verbal*, in paradoxen und magischen Sätzen, die Gegensätze vereinigen und miteinander versöhnen. So die These, daß die Metaphysik nur eine Metaphysik der Endlichkeit sein könne und nur die Endlichkeit zum Unbedingten führe; oder daß das Seiende nicht zeitlich sei, weil historisch, vielmehr historisch, weil zeitlich.[9]

An dieser Stelle wäre auch Heideggers Verhältnis zu Hegel zu untersuchen, wie es sich in *Identität und Differenz* äußert, wo die Konfrontation, durch Umkehrung der Vorzeichen, zur Annexion und gleichzeitig Distanzierung gerät: Das Sein, Sache des absoluten Begriffs, des absoluten Denkens des Seienden im Ganzen, wird Differenz zum Seienden, Differenz als Differenz. Die Versöhnung von Denken und Sein im Logos vollzieht sich, bei Heidegger, im Schweigen. Die Aufgabe der Manifestation des Seins, das heißt der Dialektik der Widersprüche, durch welche das reine Sein als Nichts sich in die Geschichte des Werdens verwandelt, wird bei Heidegger II (nach der sogenannten »Kehre«) zum Bemühen um Entbergung gleichsam der Abwesenheit des Seins und zur Manifestation, in einer Art *negativen Ontologie* (ähnlich zum Sprachgebrauch von negativer Theologie), des emanierenden Prozesses des Seins in der Differenz zum Seienden, eine Inversion der Selbstbewegung des Hegelschen Absoluten, die sich allein im Schweigen oder in einer dichterischen Beschwörung des *Ens absconditum* äußern kann.

Der verbale Umsturz, die Wortverkehrung, die dem Historizismus zu entgehen hilft durch Geltendmachen der wesentlichen Geschichtlichkeit des Seienden, durch Einschreiben der Geschichte und Zeitlichkeit in das Sein selbst, das heißt in das Ungeschichtliche und Ewige, stellt das Paradigma aller philosophischen Strategien der konservativen Revolution auf dem Gebiet der Philosophie dar. Diese Strategien, worin stets die radikale Überwindung zum Prinzip erhoben ist, machen es möglich, unter dem Deckmantel völliger Veränderung alles zu bewahren, nämlich durch Vereinigung der Gegensätze in einem gleichsam janusköpfigen, also *unumgänglichen* Denken deshalb, weil es gleichzeitig auf allen Seiten parieren kann: Durch den methodischen Extremismus des wesentlichen Denkens lassen sich die radikalsten Thesen, von rechts wie von links, überwinden, führt es doch zu jenem Wendepunkt, wo die Rechte zur Linken der Linken wird – und umgekehrt.

Die Überwindung des Nihilismus in der Geschichte, Grundlage des Relativismus und Nihilismus, zu suchen, heißt also faktisch, die historizistische Ontologie dem Zugriff der Geschichte zu entziehen, heißt, durch Verewigung der Zeitlichkeit und der Geschichte der Historisierung des Ewigen zu entgehen.[10] Das zeitliche Dasein »ontologisch fundieren« – das heißt *mit dem Feuer spielen* – bedeutet, eine historizistische Sicht des transzendentalen Ego zu streifen, die der Geschichte eine wirkliche Rolle in dem Maße zuerkennen würde, wie sie vom empirischen Prozeß der Konstituierung des Erkenntnissubjekts (wie von den positiven Wissenschaften vom Menschen analysiert)[11] und von der konstituierenden Rolle von Zeit und historischer Arbeit bei der Entstehung der »Wesenheiten« (zum Beispiel der Geometrie) Kenntnis nimmt; bedeutet zugleich aber auch, eine radikale *Differenz* zu jeder Art von Anthropologie, die »den Menschen empirisch als gegebenes Objekt« untersucht[12], aufrechterhalten, selbst noch zu den »kritischeren« Formen der philosophischen Anthropologie (wie sie vornehmlich Cassirer und Scheler vertreten). In derselben Bewegung, da sie die Zurückführung der Wahrheiten auf Zeit, Geschichte und Endlichkeit begründet und darin die wissenschaftlichen Wahrheiten der Ewigkeitsgeltung beraubt, die diese sich selbst zuerkennen und die ihnen von der klassischen Philosophie zugebilligt wird, entreißt die Ontologisierung der Geschichte und der Zeit (wie die davon nicht zu trennende Ontologisierung des *Verstehens*) der Geschichte (und der anthropologischen Wissenschaft) die ewige Wahrheit der ontologischen Verfassung des *Daseins* als Zeitlichkeit und Geschichtlichkeit, das heißt als *apriorisches*, ewig geltendes Prinzip einer jeden Geschichte. Sie begründet die überhistorische Wahrheit der Philosophie, die außerhalb jeder historischen Determinierung die überhistorische Wahrheit des *Daseins* als Geschichtlichkeit formuliert. Die Geschichtlichkeit oder das Verstehen zur Grundstruktur des *Daseins* erheben – mittels einer stiftenden Tautologie, die alles so läßt, wie es ist (inwieweit hilft die Ontologie des *Verstehens* zum besseren Verstehen des Verstehens?) –, bedeutet, dabei den Eindruck vermittelnd, als werde so die Frage auf einer grundlegenderen Ebene, auf radikalere Weise gestellt, unter der Hand und ohne daß man dazu etwas Konkretes sagen müßte, verstehen geben, daß die positiven Wissenschaften dazu rein gar nichts zu sagen haben.

Ein praktischer Niederschlag dieser philosophischen »Linie« läßt sich in Heideggers Strategie gegen Cassirers *Philosophie der symbolischen Formen* beobachten: Zu Beginn der Davoser Debatte hatte er sogleich postuliert, daß der Ursprung des Neukantianismus zu suchen sei »in der Verlegenheit der Philosophie bezüglich der Frage, was ihr eigentlich noch bleibt im Ganzen der Erkenntnis«. In seiner Rezension des Buches von Cassirer stellt er die Begründung des erkenntnistheoretischen Versuchs einer Grundlegung der Wissenschaften vom Menschen in Frage, wenn er auch – man hat schließlich Gespür für Hierarchien – diesen selbst billigt: »Das Werk Cassirers«, so führt er aus, »bringt die Problematik der positiven Mythenforschung auf eine *grundsätzlich* höhere Stufe ... Wenn sich diese Auffassung des Mythos in der empirischen Forschung durchsetzt, dann ist sowohl für die erste Aufnahme und Auslegung neuentdeckter Tatbestände als auch für die verarbeitende *Durchdringung* der bisherigen Ergebnisse ein sicherer *Leitfaden* gewonnen.« (Martin Heidegger, Rezension von E. Cassirers Philosophie der symbolischen Formen, 2. Teil, in: *Deutsche Literaturzeitung*, N. F. 5, 21. Heft, S. 1007; von P. B. hervorgehoben) Einmal diese Solidaritätserklärung abgegeben, die sich die Statthalter der herrschenden Disziplin allemal schuldig sind, wenn es gegen subalterne Disziplinen geht, kommt Heidegger zu seiner Lieblingsstrategie, dem Trick der *Wesentlichkeit* – unüberwindbare Überwindung einer jeden Überwindung, sich selbst begründende Grundlegung einer jeden Grundlage, absolute Vorbestimmung aller Vorbestimmungen: »Ist die Formbestimmung des Mythos als Funktionsform des bildenden Bewußtseins ihrerseits zureichend begründet, wo liegen die Fundamente einer solchen freilich unumgänglichen Begründung, sind diese Fundamente selbst genügend gesichert und ausgearbeitet?« Und nachdem er an die Grenzen der kantischen Deutung der »kopernikanischen Drehung« erinnert hat, fährt er fort: »läßt sich die Kritik der reinen Vernunft einfach ›erweitern‹ zu einer ›Kritik der Kultur‹? Ist es denn so sicher oder nicht gar höchst fraglich, daß allein schon die Fundamente für Kants eigenste transzendentale Interpretation der ›Natur‹ ausdrücklich freigelegt und begründet sind?« (*l. c.*, S. 1007 und 1008) Im Grunde müßte dieses lange fragende Nachdenken in seiner Gänze zitiert werden: Die reine Absicht der Überwindung durch das »begründende« Denken, das sie leitet, ist gewappnet mit dem als *generative Struktur* wirkenden Gegensatz zwischen dem Erweiterten (folglich überflüssig und »eindeutig«) und dem Tiefen, und sie vollendet sich in einer halb beschwörenden, halb terroristischen Rhetorik des *Grundsätzlichen* (womit all die »grundsätzlich«, »Grundlegungen«, »Fundamente«, »Begründungen« usw. förmlich ins Kraut schießen) und der »vorgängigen Bestimmung« (»ist es denn so sicher ...«, »wie steht es um ...«, »einmal ist zu fragen ...«, »allein noch vor aller Frage ...«, »es gilt allererst ...«). Diese Grundlegung der Grundlage wird man, entgegen dem, was diese argwöhnische Infragestellung der Begründung der kantischen Subjektivität und ihres spiritualistischen Vokabulars (»Bewußtsein«, »Leben«, »Geist«, »Vernunft«) zunächst hätte vermuten lassen können, natürlich nicht in den materiellen Lebensbedingungen der Produzenten des mythischen Diskurses suchen. Das »begründende« Denken will von einer derartigen »vulgären«, das heißt vulgär »empirischen« Grundlegung nichts wissen.[13] Der »existentielle Idealismus« – wie Gurvitch sehr richtig formuliert – nähert sich der Existenz nur, um sich desto besser von den materiellen Existenzbedingungen absetzen zu können: Noch stets den *Weg nach innen* wählend, wie es in der Tradition des *völkischen* Denkens hieß, sucht er die Begründung für das mythische Denken in einer »vorgängigen Ausarbeitung der ontologischen Grundverfassung des Daseins überhaupt« (*l. c.*, S. 1010).

Indem Heidegger der ontologischen Struktur des *Daseins* – um den Preis einer radikalen Änderung des Sinns jenes von Kant einmal als »arrogant« apostrophierten Wortes »Ontologie« – existentielle Charaktere (sogenannte »Existentiale« oder »fundamentale Seinsweisen des Daseins«) einschreibt, die – ontologisch umgetauft – als transzendentale Bedingungen der Möglichkeit des Erkennens (des Verstehens so gut wie der Sprache) beschrieben werden, kurz: indem er eine Ontologisierung des Transzendentalen vornimmt, gelingt ihm eine erste Konfusion der Gegensätze, die ihn unangreifbar und nicht zurückführbar auf eine der konträren Positionen werden läßt. Verstärkt wird die Verwirrung noch dadurch, daß die transzendentale Ontologie das erkennende Wesen als ein Nicht-Sein, das heißt als einen temporalisierenden Akt, einen Entwurf, definiert und derart die Ontologisierung des Transzendentalen in einer Sein und Zeit gleichsetzenden Ontologisierung der Geschichte vollendet. Von daher wird auch verständlich, daß die berühmte *Kehre* und die Distanzierung von der transzendentalen

Ontologie und Daseinsanalytik in *Sein und Zeit* ganz natürlich, über die Ontologisierung der Geschichte, zur negativen Ontologie führen konnte, die – in der Gleichsetzung dessen, was Sein ist, mit dem, was Sein als im Dasein Anwesendes ist – das Sein als einen Prozeß der Emergenz (der schöpferischen Entwicklung?) beschwört, dessen Realisierung abhängt von einem Denken, das ihn geschehen läßt, von der *Gelassenheit* als Unterwerfung unter die Geschichtlichkeit.

Ersichtlich braucht man nicht einmal mehr zwischen der »Kehre« und dem halben Rückzug nach dem Rektorat einen direkten Zusammenhang herzustellen, um sogleich zu begreifen, daß dieser Ultra-Radikalismus im Denken – einmal die Zeit des »entschlossenen Einsatzes« vorüber – sich in einer gleichsam neuthomistischen Weisheit vollendet, die einen jeden gemahnt, »anzuerkennen, was ist«, »nach seinen eigenen Möglichkeiten zu leben«: »Die Hirten wohnen unsichtbar und außerhalb des Ödlandes der verwüsteten Erde, die nur noch der Sicherung der Herrschaft des Menschen nützen soll (...). Das unscheinbare Gesetz der Erde wahrt diese in der *Genügsamkeit* des Aufgehens und Vergehens aller Dinge *im zugemessenen Kreis des Möglichen, dem jedes folgt* und den doch keines kennt. Die Birke überschreitet nie ihr Mögliches. Das Bienenvolk wohnt in seinem Möglichen. *Erst der Wille, der sich allwendig in der Technik einrichtet*, zerrt die Erde in die Abmündung und Vernutzung und Veränderung des Künstlichen.«[14]

Ungeachtet dessen schwingen die akademischen und politischen Konnotationen des reinen Denkens weiterhin mit – innerhalb wie außerhalb des philosophischen Feldes. Schon der gedankliche Bezug der philosophischen Stellungnahmen Heideggers und seiner theoretischen

Gesprächspartner auf die Logik des universitären wie des politischen Feldes genügt, um die genuin politischen Implikationen seiner rein philosophischen Entscheidungen wahrzunehmen. Diese sekundären Bedeutungen müssen als solche nicht gewollt sein; sie erwachsen gleichsam automatisch den *metaphorischen* Korrespondenzen, Doppeldeutigkeiten und Anspielungen, die – auf dem Hintergrund der Homologie der Räume – durch Anwendung einer »Linie« innerhalb des philosophischen Feldes auftreten, deren Geltung weitaus allgemeiner ist, nämlich die des Habitus, der die ethischen und politischen Entscheidungen der »empirischen« wie theoretischen Existenz leitet. Auf Anhieb wird so sichtbar, daß das Postulat vom Vorrang der Philosophie gegenüber der Wissenschaft, der Anschauung gegenüber dem Urteil und dem Begriff – und darum geht es ja wesentlich auch in Heideggers Konfrontation mit den Neukantianern und beim Kampf um Kant, der um die Frage entbrennt, ob dieser eher der Logik und Vernunft oder aber der Ästhetik und Einbildungskraft zuzuschlagen sei – sich unmittelbar trifft mit nachweisbaren Manifestationen des Irrationalismus im politischen Feld. In ihrem Bestreben, die Vernunft der Sinnlichkeit unterzuordnen, die »Vernunft zu sensibilisieren« (wie Schopenhauer, der sich gleichfalls gegen die kantische Unterscheidung von Anschauung und Begriff sperrt und in jener die Quelle aller Erkenntnis ausmacht), läßt die Heideggersche Lesart der *Kritik der reinen Vernunft* den Kantianismus als fundamentale Kritik der *Aufklärung* erscheinen.

Der Effekt ist immer der gleiche – so auch dann, wenn Heidegger die Strategie der radikalen Überwindung kraft des »wesentlichen Denkens«, auf die er bereits gegenüber jener doch so vehement auf den Bruch von Religion und

Philosophie insistierenden Philosophie, der Kants nämlich, zurückgegriffen hatte, auf die religiöse und genauer die lutherische oder para-religiöse Tradition, wie das Denken Kierkegaards, anwendet und auf diese Weise in die Philosophie eine säkularisierte Version religiöser Themen einführt, die von der anti-theologischen Theologie Kierkegaards bereits in metaphysische Aussagen umgemünzt worden waren: Dies gilt für den zu einer Seinsweise des *Daseins* erhobenen Begriff der *Schuld* ebenso wie für viele andere gleichen Ursprungs und gleicher Färbung – *Angst, Absturz, Verderbnis, Verfallenheit, Versuchung, Geworfenheit, Innerweltlichkeit* ...

Man könnte mit einem Wortspiel, das Heidegger wohl nicht verworfen hätte, sagen, daß das »wesentliche Denken« verwesentlicht. Indem es kaum euphemisierte Substitute theologischer Begriffe zu »Seinsweisen des *Daseins*« erhebt, schreibt es dem Sein alle Merkmale der »alltäglichen« Bedingungen des »alltäglichen« Menschen ein: die »Verfallenheit« an die »Welt«, den Verlust des Selbst in der »Weltlichkeit des Geredes«, der »Neugier«, der »Zweideutigkeit«. Die Wahrheit dieser Metaphysik des »Absturzes«, die aus der »Heimatlosigkeit«, der »Irrnis«, gleichsam die Ursünde, den Grund aller besonderen Irrungen erstellt – der Seinsvergessenheit wie der Bekehrung zur Banalität –, verdichtet und verrät sich in der Annexionsstrategie – ganz und gar vergleichbar jener, die Heidegger gegenüber den Neukantianern in Anschlag gebracht hatte –, mit Hilfe deren die »Entfremdung«, zurückgebogen auf den *völkischen* Sinn der »Entwurzelung«, in eine ontologisch-existentiale Struktur des *Daseins*, das heißt in eine ontologische Defizienz, umgewandelt wird. Doch neben der politischen Funktion einer *Soziodizee* der Ontologisierung der Geschichte offenbart diese strategische Anleihe im weiteren die Wahrheit jenes anderen typisch Heideggerschen Effekts: die (falsche) radikale Überwindung jedes möglichen Radikalismus, die dem Konformismus die unfehlbarste Rechtfertigung liefert. Die ontologische Entfremdung zum Fundament einer jeden Entfremdung zu erheben, heißt, wenn man so sagen darf, mittels einer fiktiven Überwindung jeder revolutionären Überwindung sowohl die ökonomische Entfremdung wie die Rede über sie zu banalisieren und ihrer Realität zu entkleiden.

Heidegger holt eine Thematik und Ausdrucksformen – nicht zuletzt den beschwörend-prophetischen Ton –, die bis zu diesem Zeitpunkt an die Randzonen des Feldes der Universitätsphilosophie zurückgedrängt worden waren, hin zu jenen Sekten, in denen sich Nietzsche und Kierkegaard, George und Dostojewski, politischer Mystizismus und religiöser Eifer vermischen, auf den Boden des universitär rezipierbaren philosophischen Denkens zurück (und seine Auseinandersetzung mit den Neukantianern trägt nicht wenig dazu bei, ihm diese Respektabilität zu sichern). Damit schafft er eine bislang unmögliche philosophische Position, die sich gegen Marxismus und Neukantianismus ähnlich absetzt, wie im politisch-ideologischen Bereich die »konservativen Revolutionäre« sich von den Sozialisten und Liberalen absetzen.[15] Nichts bestätigt denn auch eindrücklicher diese Homologie – abgesehen einmal von den direkten Einflüssen auf die offen politischen Probleme wie die Technik – als der Platz, welcher der *Entschlossenheit* eingeräumt wird, diesem freiwilligen und gleichsam verzweifelten Angehen gegen die existentiellen Schranken, das zur rationalen Überlegung ebenso in Gegensatz steht wie zur dialektischen Überwindung bzw. Aufhebung.

IV
Zensur und Formgebung

In Heideggers Werk manifestiert sich beispielhaft jene Arbeit von Bewußtsein und Unbewußtem, deren es bedarf, damit die Ausdrucksintention sich innerhalb der Grenzen der Zensur halten kann, die jedes kulturelle Produktionsfeld kraft seiner Struktur ausübt: Die philosophische Problematik als objektiv realisierter Raum von Möglichkeiten funktioniert wie ein *potentieller Markt*, der sich den verschiedenen Ausprägungen des expressiven Drangs gegenüber repressiv oder aber stimulierend auswirkt. Jeder Produzent hat mit dieser Problematik zu rechnen, wie auch seine gesellschaftlichen Phantasmen nur innerhalb der von ihr ausgehenden Zwänge ihren Ausdruck finden können. Dementsprechend läßt sich der gelehrte Diskurs als »Kompromißbildung« im Sinne Freuds auffassen, das heißt als Produkt einer Transaktion zwischen Ausdrucksinteressen, die selbst durch die im Feld eingenommene Position bestimmt sind, und den strukturellen Zwängen des Feldes, in dem der Diskurs hervorgebracht wird und zirkuliert, und das als Zensur fungiert.[1] Die gleichermaßen bewußte und unbewußte Arbeit der *Euphemisierung* und Sublimierung, die notwendig ist, um die bei einem gegebenen Stand der Zensur des Feldes nicht eingestehbaren Ausdrucksinteressen *sagbar zu machen*, besteht darin, im Akt der *Formgebung* die *angemessene, gemäße Form* hervorzubringen. Der Erfolg dieses Bemühens und die bei einer gegebenen Struktur der Chancen materiellen oder symbolischen Gewinns, mittels deren sich die Zensur des Feldes auswirkt, zu erzielenden Gewinne hängen ab vom spezifischen Kapital des Produzenten, das heißt von seiner besonderen Autorität und Kompetenz.

Die für die Formgebung konstitutiven Kompromisse und Transaktionen sind niemals gänzlich auf eine bewußte Kosten-Nutzen-Rechnung auf materieller und symbolischer Ebene zurückzuführen. Gerade die wirkungsvollsten *rhetorischen Effekte* ergeben sich aus dem nie ganz vom Bewußtsein manipulierbaren Zusammentreffen zweier immanenter Notwendigkeiten: der Notwendigkeit des Habitus, der seiner inneren Beschaffenheit nach mehr oder minder danach strebt, die eingenommene Position im Feld zu halten, und der dem Stand eines Feldes immanenten Notwendigkeit. Letztere leitet die Praktiken mittels objektiver Mechanismen, so jener, die die tendenzielle Anpassung von Position und Disposition der Positionsinhaber bewirken, oder die auf gleichsam automatische Weise, auf der Grundlage der Homologien zwischen unterschiedlichen Feldern, Effekte der Überdeterminierung und Euphemisierung hervorbringen, die dem Diskurs eine Undurchsichtigkeit und polyphone Komplexität verleihen, welche sich noch der sachverständigsten rhetorischen Absicht sperren.

Die Kulturprodukte verdanken demnach ihre charakteristischsten Merkmale den sozialen Bedingungen ihrer Produktion und, genauer, der Stellung des Produzenten innerhalb des Produktionsfeldes. Dieses bestimmt, anhand unterschiedlicher Vermittlungen, zugleich das Ausdrucksinteresse, die Form und Stärke der Zensur, die diesem auferlegt wird, wie auch die Kompetenz, die innerhalb der Grenzen dieser Zwänge jenes Interesse zu befriedigen erlaubt. Die sich zwischen dem Ausdrucksinteresse und der Zensur herstellende dialektische Beziehung verbietet es, im *opus operatum* Form und Inhalt, das Gesagte und die Art, wie es gesagt, ja wie es vernommen wird, zu trennen. Dadurch daß sie die Formgebung vorschreibt, determiniert die durch die Struktur des Feldes ausgeübte Zensur gleichermaßen die Form – die alle Varianten formaler Analyse den sozialen Determinanten entreißen zu können wähnen – wie, untrennbar davon, den Inhalt, der von seinem konformen Ausdruck nicht geschieden werden kann, folglich jenseits der anerkannten Normen und konventionellen Formen (im wahrsten Sinne des Wortes) undenkbar ist. Sie determiniert auch noch die Rezeptionsform: Einen philosophischen Diskurs den Formen gemäß hervorzubringen, das heißt ausstaffiert mit den Insignien (hinsichtlich Syntax, Wortschatz, Verweisungen usw.), anhand deren man einen philosophischen Diskurs erkennt und kraft deren ein Diskurs sich als philosophischer anerkennen läßt[2], heißt, etwas hervorzubringen, das den Anspruch erhebt, formgemäß rezipiert zu werden, das heißt mit dem gebührenden Respekt für die Form, die es sich gibt, oder, wie im Bereich der Literatur sehr gut sichtbar wird, *in seiner Eigenschaft als Form.* Die legitimen Werke sind damit in der Lage, eine Gewalt auszuüben, die sie gerade gegen jene Gewalt abschirmt, die notwendig ist, um allererst das Ausdrucksinteresse zu erfassen, das sie doch lediglich in einer Form, die es negiert, zum Ausdruck bringen: Kunst-, Literatur- und Philosophiegeschichte zeugen von der Wirksamkeit derartiger Strategien der Formgebung, kraft deren die anerkannten Werke selbst noch die Normen ihrer eigenen Wahrnehmung vorschreiben.

Das Werk ist ebenso über seine Form wie seinen Inhalt an ein je spezifisches Feld gebunden: Sich vorstellen zu wollen, was Heidegger wohl in einer andersartigen Form gesagt hätte, etwa in der des philosophischen Diskurses, wie er im Deutschland des ausgehenden 19. Jahrhunderts praktiziert wurde, oder in der einer politikwissenschaftlichen Abhandlung, wie sie heutzutage in Yale oder Harvard gang und gäbe ist, bedeutet schlicht und einfach, sich einen *unmöglichen* (zum Beispiel »heimatlosen« oder nach 1933 emigrierten) Heidegger bzw. ein in Deutschland zu den Zeiten, da er schrieb, nicht minder unmögliches Produktionsfeld vorzustellen. Die Form, durch welche die symbolischen Produkte am direktesten an den sozialen Bedingungen ihrer Produktion teilhaben, ist zugleich dasjenige, wodurch sich ihr spezifischer sozialer Effekt vollzieht, nämlich die genuin symbolische Gewalt, die von dem, der sie ausübt, nur ausgeübt und von dem, der sie erleidet, nur erlitten werden kann in einer Form, die sie als solche unkenntlich, das heißt aber als legitim anerkannt werden läßt.

Die gelehrten Diskurse, von einschlägigen Experten (Philosophen, Juristen usw.) mittels systematischer Entstellung der Umgangssprache produzierte und reproduzierte Spezialjargons, unterscheiden sich von der Wissenschaftssprache darin, daß sie unter dem Deckmantel der Autonomie faktische Heteronomie verbergen: Auf die Unterstützung der Alltagssprache zwingend angewiesen, müssen sie die Illusion der Unabhängigkeit durch *Strategien des falschen Einschnitts* erzeugen, wobei je nach Feld und innerhalb desselben Feldes je nach Stellung und Augenblick unterschiedliche Verfahren ins Werk gesetzt werden. Dazu gehört zum Beispiel die Imitation der grundlegenden Eigenschaft einer jeden Wissenschaftssprache, die Determiniertheit des Elements durch seine Zugehörigkeit zum jeweiligen System.[3] Die der Alltagssprache entlehnten genuin Heideggerschen Begriffe werden in diesem Sinne durch die Arbeit der Formgebung gleichsam verklärt: dem umgangssprachlichen Verwendungszusammenhang entrissen und mittels systematischer Akzentuierung morphologischer Verwandtschaften in ein Netz von Beziehungen, die sich auf der sinnlich-sichtbaren Sprachebene manifestieren, derart eingefügt, daß der Eindruck entsteht, jedes Element des Diskurses hinge *gleichzeitig* als Signifikant und Signifikat von allen anderen ab. Ein so alltägliches Wort wie *Fürsorge* findet sich so auf *sinnlich-sichtbare* Weise, durch seine bloße Form, mit einer ganzen Reihe von Worten der gleichen Familie verknüpft: *Sorge, Sorgfalt, Sorglosigkeit, sorgenvoll, besorgt, Lebenssorge, Selbstsorge.*

Wenn Gadamer in der bereits zitierten Rezension mir den Gedanken unterstellt, es gebe so etwas wie eine »wahre Bedeutung« der Wörter und, konkret bezogen auf »*Fürsorge*«, dessen »Institutionscharakter« sei für mich »der einzig legitime«, dann geht er am Kern meiner Analyse gerade vorbei. Dieser beruht nämlich darin, erstens, daß die Wörter und, weitergehender, der Diskurs ihre umfassende Determinierung allein im pragmatischen Zusammenhang mit einem Feld erfahren, das im Sinne eines Marktes funktioniert; zweitens, daß der polyseme oder, besser, *polyphone* Charakter von Heideggers Diskurs dessen einzigartiger Fähigkeit geschuldet ist, für mehrere Felder und Märkte gleichzeitig sprechen zu können. Gadamer unterstellt mir fälschlicherweise jene philologistische Philosophie und Deutung, die sich doch gerade bei seinem Herrn und Meister Heidegger in aller Unverblümtheit äußert: »Die spätere Bedeutungsgeschichte des Wortes λόγος [logos] und vor allem die vielfältigen und willkürlichen Interpretationen der nachkommenden Philosophie verdecken ständig die eigentliche Bedeutung von Rede, die offen genug zutage liegt.« (M. Heidegger, *Sein und Zeit*, S. 32) In der Tat ist es nicht minder naiv, nach der wahren Bedeutung der Wörter zu fragen, wie nach der

»wirklichen Farbe des Chamäleons« – um hier ein Beispiel Austins aufzugreifen (vgl. J. L. Austin, *Sense and Sensibilia*, London 1962): Es gibt so viele Bedeutungen eines Wortes, wie es entsprechende Verwendungsweisen und Märkte gibt. Ein weiterer interpretatorischer Irrtum, dem ebenfalls die Tatsache zugrunde liegt, in das untersuchte Werk die eigene Philosophie hineinzuprojizieren – im vorliegenden Fall eine Bestimmung von Rhetorik, die durchaus als grob vereinfachend zu bezeichnen ist, auch wenn sie sich bis Platon und Aristoteles zurückverfolgen läßt –, verleitet Gadamer zu der Behauptung, daß die rhetorische Absicht derjenigen *der Wahrheit äußerlich* sei. Damit, das heißt mit der Unterscheidung von rhetorischer Absicht und Wahrheitsabsicht, sind wir wieder beim Chamäleon und seiner wirklichen Farbe. Unterstellt wird hier, in gewohnter Art des gesunden Menschenverstandes des Gelehrten, daß rhetorische Absicht und Wahrheitsintention sich gegenseitig ausschließen würden, daß Rhetorik als etwas Kalkuliertes, Künstliches, Überlegtes im Gegensatz stehe zur natürlichen, spontanen, primären und ursprünglichen Ausdrucksweise. Vergessen wird dabei, daß eine Ausdrucksintention sich allein in der Beziehung zu einem Markt realisiert und daß es folglich so viele *Rhetoriken* gibt wie Märkte, so daß in den alltäglichen Verwendungsweisen der Sprache (deren außergewöhnliche Vielfalt durch den Gebrauch eines Begriffs wie »Alltagssprache« von seiten der Sprachphilosophie im übrigen gerade wieder verschleiert wird) Rhetoriken auftreten, die höchst raffiniert sein können, ohne deshalb bewußt und kalkuliert eingesetzt werden zu müssen; und daß noch die raffiniertesten Gelehrtenrhetoriken, und das gilt auch für die Heideggers, nicht notwendig eine vollkommene Beherrschung noch Berechnung der wirksamen Effekte voraussetzen.

Sehr häufig bei Sprichwörtern und sprichwörtlichen Redewendungen aller Art bildet das Spiel mit Worten, die aufgrund etymologischer oder morphologischer Verwandtschaft den Eindruck von »Familienähnlichkeit« vermitteln, zwar nur eines, aber dafür wohl das sicherste

Mittel, um die Empfindung einer notwendigen Beziehung zwischen zwei Signifikaten hervorzurufen. So kann die Verbindung durch Alliteration oder Assonanz, die gleichsam materielle Ähnlichkeitsbeziehungen zwischen Form und Laut stiftet, verborgene Zusammenhänge zwischen den Signifikaten aufdecken oder sogar durch das bloße Spiel der Formen entstehen lassen. Das gilt etwa für ein philosophisches Wortspiel à la Heidegger II, *Denken = Danken*, dessen Magie freilich zum Leidwesen der treuen Schar der Anhänger bei der Übersetzung verlorengeht, oder jene Aneinanderreihung von Kalauern über die *Sorge als besorgende Fürsorge*, die sich als schierer Verbalismus erwiese, nährte das Ineinander der morphologischen Andeutungen und etymologischen Verweise nicht die Illusion einer umfassenden Stimmigkeit der Form, folglich des Sinns, und damit den Schein der Notwendigkeit des Diskurses: »*Die Entschlossenheit aber ist nur die in der Sorge gesorgte und als Sorge mögliche Eigentlichkeit dieser selbst.*«[4]

Alle der Sprache inhärenten Möglichkeiten werden ausgeschöpft, um den Eindruck zu vermitteln, daß zwischen allen Signifikanten ein notwendiges Band existiert und die Beziehung zwischen den Signifikanten und den Signifikaten sich allein über die Vermittlung des Systems der philosophischen Begriffe herstellt – »Fach«-Begriffe, die geadelte Formen umgangssprachlicher Worte darstellen (*Entdeckung* und *Entdecktheit*), traditionelle Termini (wie *Dasein*), die jedoch leicht sinnverschoben benutzt werden, um derart einen *Abstand* zu markieren, Neologismen, geschaffen, um angeblich bisher noch nie gedachte Differenzierungen einzuführen, in jedem Fall aber den Eindruck radikaler Überwindung hervorzurufen (*existentiell* und *existential; zeitlich* und *temporal*, ein Gegensatz, der im übrigen in *Sein und Zeit* keine tragende Rolle spielt).

Die Formgebung erzeugt sowohl die Illusion des systematischen Charakters als auch, vermittels des von ihr vollzogenen Bruchs mit der Alltagssprache, die Illusion der Autonomie des Systems. Indem das Wort *Fürsorge* in das Netz der morphologisch ähnlichen und etymologisch verwandten Worte eingebunden und über diese der Heideggerschen Lexik eingefügt wird, findet es sich seiner primären Bedeutung beraubt, die in der Wendung »Fürsorge als faktische soziale Einrichtung« unzweideutig zum Ausdruck kommt: Transformiert, transfiguriert, verliert es seine alltägliche Identität und gewinnt einen Nebensinn. Am Ende dieser Sinnverschiebung, die durchaus eines Zauberers würdig ist, der die Aufmerksamkeit der Zuschauer auf das Vorzeigbare lenkt, um desto besser zu verschleiern, was verborgen bleiben soll, kann so das soziale Phantasma der (Sozial-)Fürsorge, Inbegriff des »Fürsorgestaates« oder »Wohlfahrtsstaates«, den Carl Schmitt wie Ernst Jünger in einer minder verbrämten Sprache denunzieren, den legitimen Diskurs heimsuchen (*Sorge* und *Fürsorge* stehen im Zentrum der Theorie der Zeitlichkeit), freilich in einer Form, in der es als solches nicht erkennbar wird, nicht vorhanden ist.

Während die gewöhnliche Euphemisierungsarbeit ein Wort durch ein anderes (meist mit konträrer Bedeutung) ersetzt oder den umgangssprachlichen Sinn durch eine explizite Warnung (etwa Anführungszeichen) oder durch eine distinktive Bestimmung auf sichtbare Weise neutralisiert, verfährt Heidegger derart, daß er ein Geflecht von auf morphologischer Ebene miteinander verbundenen Worten stiftet, in dem das umgangssprachliche Wort eine neue Identität erhält und eine philologisch-polyphone Lektüre erheischt, die in der Lage ist, den umgangssprachlichen Sinn zugleich zu evozieren und zu revozieren, auf ihn anzuspielen und zugleich samt seiner pejorativen Nebenbedeutungen offiziell in die Ordnung des vulgären und vulgär »anthropologischen« Verstehens zu verbannen.[5]

Die philosophische Einbildungskraft, die wie das mythische oder poetische Denken in Verzückung gerät, wenn die phänomenale Lautbeziehung eine wesentliche Sinnbeziehung überlagert, spielt mit Formen, die neben ihrem linguistischen auch einen klassifikatorischen Charakter aufweisen: So verdoppeln sich in *Vom Wesen der Wahrheit* der Gegensatz von »*Wesen*« und »*Un-wesen*« durch den unterschwelligen, zugleich beschworenen wie verworfenen Gegensatz zwischen der Ordnung – ein hier nur schemenhafter Begriff, zugleich abwesend und anwesend *in effigie* – und der *Unordnung*, einer der möglichen Bedeutungen von *Unwesen*. Die parallelen Gegensätze, ungleichmäßig euphemisierte Varianten einiger »grundlegender« Gegensätze, die selbst im großen ganzen aufeinander zurückführbar sind und für die das Werk Heideggers nach der »Kehre« zahllose Beispiele bereithält, bestätigen, in sublimierter und hinsichtlich ihres Gebrauchs desto allgemeinerer Form, je unkenntlicher diese ist (wie in der Antithese von Ontischem und Ontologischem), den vom Tabu getroffenen ursprünglichen Gegensatz. Dieser wird so, indem er dem Sein selbst eingeschrieben und zugleich symbolisch negiert wird, absolut gesetzt.

Die *Verneinung* des primären Sinns, also jenes, den das tabuisierte Wort im Kontext der Alltagssprache trägt und der, aus dem offenbaren System offiziell verbannt, dennoch eine unterirdische Existenz weiterführt, wird vollzogen durch dessen Einfügung in das System der philosophischen Sprache. Die Verneinung bildet die Grundlage jenes Doppelspiels, das durch die zweifache Information jedes Elements des Diskurses ermöglicht wird, ist dieses doch durch die gleichzeitige Zugehörigkeit zum manifesten System des philosophischen Ideolekts und zum latenten System der Alltagssprache definiert, oder wenn man will, durch den Bezug auf zwei mentale – und zwei davon nicht zu trennende soziale – Räume. Wird das Ausdrucksinteresse der Trans-Formation ausgesetzt, die erforderlich ist, um ihm den Zugang zur Ebene dessen zu ermöglichen, was innerhalb eines bestimmten Feldes sagbar ist, um es dem Unsagbaren und Namenlosen zu entreißen, dann wird nicht nur ein Wort durch ein anderes, ein zensiertes durch ein akzeptierbares Wort ersetzt. Diese elementare Form der Euphemisierung kaschiert vielmehr eine weitere, sehr viel sublimere, die darin besteht, die wesentliche Eigenschaft der Sprache: das Primat der Relationen gegenüber den Elementen, der Form gegenüber der Substanz, um den Saussureschen Gegensatz zu verwenden, zur Verdunkelung der verdrängten Elemente derart auszunützen, daß diese einem Netz von Relationen eingefügt werden, das ihren Wert, nicht aber ihre »Substanz« modifiziert. Uneingeschränkt vollzieht sich dieser Verdunklungseffekt qua Formgebung erst bei den von den Experten in explizit systematischer Absicht geschaffenen Spezialjargons: Hier, wie in allen anderen Fällen von Verschleierung mittels der Form, bleiben die tabuisierten, theoretisch erkennbaren Bedeutungen praktisch unkenntlich; als Substanz präsent, sind sie, gleich einem im Laubwerk verschwundenen Gesicht, als Form und in der Form abwesend. Der Ausdruck ist da, um die *ursprünglichen Erfahrungen der sozialen Welt* sowie die ihnen zugrundeliegenden *sozialen Phantasmen* ebenso zu kaschieren wie zu enthüllen; um diese Erfahrungen und Phantasmen auszusprechen und im Akt des Aussprechens, durch die Art, wie dies geschieht, zugleich zu sagen, daß er sie nicht ausspricht. Äußern darf er sie nur in einer Form, die sie unkenntlich macht, denn er darf sich als derjenige, der sie ausspricht, gerade nicht erkennen. Den stillschweigenden oder expliziten Normen eines jeweiligen Feldes unterworfen, löst sich die ursprüngliche Substanz gleichsam in der Form auf. Diese Formgebung ist Transformation und Transsubstantiation in einem: die signifizierte Substanz *ist* die signifikante Form, in der sie sich realisiert hat.

Die Formgebung erwirkt, daß es zugleich gerechtfertigt und ungerechtfertigt erscheint, die *Verneinung* auf das zu reduzieren, was sie verneint: das ihr zugrundeliegende Phantasma also. Da diese »*Aufhebung* der Verdrängung«, wie Freud hegelisch formuliert, die Verdrängung wie auch das Verdrängte in einem negiert und bewahrt, gestattet sie, von beidem zu profitieren: daß man etwas ausspricht und zugleich das Ausgesprochene durch die Art und Weise des Aussprechens dementiert. So liegt auf der Hand, daß die Dichotomie zwischen der *Eigentlichkeit* und der *Uneigentlichkeit,* »Seinsweisen des Daseins«, wie Heidegger formuliert, um die sich, vom Standpunkt selbst der am striktesten immanent verfahrenden Lektüren, das gesamte Werk organisiert, nur eine besondere, wenn auch besonders subtile Ausprägung des herkömmlichen Gegensatzes von »Elite« und »Masse« darstellt. Tyrannisch (die »Diktatur des Man«), inquisitorisch (das »Man« steckt seine Nase überall hinein) und gleichmacherisch in einem, entzieht sich *das Man* allen Verantwortlichkeiten, entbindet sich von aller Freiheit: führt sich auf wie ein Unterstützungsempfänger, der, verantwortungslos wie er ist, sich in die Hände der Gesellschaft begibt, oder des »Wohlfahrtsstaates«, der nicht zuletzt anhand der *»Sozialfürsorge«* sich um ihn und seine

Zukunft kümmert. Zählen wir doch einmal die in jeder tausendfach kommentierten Passage über das Man auftretenden Gemeinplätze des akademischen Aristokratismus auf, der sich nährt von den *Topoi* über die *agora*, Antithese zur *scholé*, Muße-und-Lernen: der Abscheu vor der Statistik (das Thema der »Durchschnittlichkeit«), Inbegriff aller Verfahren der »Einebnung«, die die Person (hier *Dasein* genannt) mitsamt deren kostbarsten Attributen gefährdet, das »Ursprüngliche« und das »Geheimnis«; der Haß auf alle einebnenden Kräfte, und gewiß in erster Linie der Horror vor den egalitären Ideologien, die das Errungene, das »Erkämpfte« gefährden, das heißt die Bildung, dieses spezifische Kapital des Mandarins, Geschöpf seiner Werke, und die des weiteren die »Tendenz zum Leichtnehmen und Leichtmachen« bei den Massen befördern; das Aufbegehren gegen soziale Mechanismen wie jene der öffentlichen Meinung, Erbfeind des Philosophen, die hier im Zusammenspiel von *öffentlich* und *Öffentlichkeit* wiederkehrt – mit einem Wort gegen alles, was die »Sozialfürsorge«, die Demokratie, die Parteien, die bezahlten Urlaube (Angriff auf das Monopol der *scholé* und die Meditationen beim Waldgang), was die »Massenkultur«, das Fernsehen und Platon als Taschenbuch verkörpern.[7] Heidegger wird dies, in seinem unnachahmlichen *pastoralen* Stil, in der *Einführung in die Metaphysik* von 1935 sehr viel besser formulieren, wird zu zeigen versuchen, wie der Triumph des wissenschaftlich-technologischen Geistes der europäischen Zivilisation sich vollendet und erfüllt in der *»Flucht der Götter«*, der *»Zerstörung der Erde«*, der *»Vermassung des Menschen«* und im *»Vorrang des Mittelmäßigen«*.[8]

Das Spiel mit den sinnlichen Formen der Sprache findet seine Vollendung dann, wenn es sich nicht mehr nur auf isolierte Worte, sondern auf Begriffspaare, das heißt auf Beziehungen zwischen antagonistischen Termini erstreckt. Im Unterschied zu einfachen philosophischen Calembourgs, die auf Assonanz oder Alliteration beruhen, wird in den Wortspielen, die »Grundbegriffe« einsetzen, also Begriffe, die das Denken grundlegend ausrichten und in seinem Aufbau bestimmen, mit den Verbalformen und ihren zugleich sinnlichen wie klassifikatorischen Eigenschaften gespielt. Diese umfassenden Formen, die die jeweils unabhängig wirkenden Notwendigkeiten von Laut und Sinn auf wundersame Weise in einem zweifach notwendigen Ausdruck versöhnen, bilden die umgewandelte Form eines schon politisch – das heißt entsprechend den objektiv politischen Oppositionsprinzipien – geformten sprachlichen Materials, das in die Alltagssprache aufgenommen und darin verwahrt ist. Die Vorliebe aller Gelehrtenjargons für das *Denken in Gegensatzpaaren* läßt sich anders nicht erklären: was in diesem Fall zensiert und verdrängt wird, ist nicht ein für sich genommenes tabuisiertes Wort, vielmehr eine Oppositionsbeziehung zwischen Worten, die allemal auf eine Oppositionsbeziehung zwischen sozialen Positionen oder sozialen Gruppen verweist.

Die Alltagssprache bildet nicht nur einen unerschöpflichen Vorrat an sinnlichen Formen, die den poetischen oder philosophischen Wortspielen oder auch, wie beim späten Heidegger und seinen Epigonen, den freien Assoziationen dessen sich anbieten, was Nietzsche *Begriffsdichtung* genannt hat; sie erstellt im weiteren auch ein Reservoir an Formen der Wahrnehmung von sozialer Welt, an Gemeinplätzen, in denen die einer ganzen Gruppe gemeinsamen Prinzipien der Sicht der sozialen Welt abgelagert sind (germanisch vs. *welsch* oder lateinisch, gewöhnlich vs. vornehm, einfach vs. kompliziert, ländlich vs. städtisch usw.). Die Struktur der sozialen Welt wird nie anders denn über Klassifikationsformen bezeichnet und erfaßt, die, mag es sich auch um die von der Alltagssprache transportierten handeln, stets von dieser Struktur abhängig bleiben (was alle *formalistischen* Analysen derartiger Formen außer acht lassen): Zwar können die sozial am stärksten »markierten« Gegensätze (vulgär vs. vornehm) je nach Gebrauch und Benutzer sehr unterschiedliche Bedeutungen annehmen, doch bilden die Umgangssprache, als Produkt der akkumulierenden Arbeit eines durch die Kräfteverhältnisse zwischen den Klassen beherrschten Denkens, und, weit mehr noch, die Gelehrtensprache, als Produkt des durch die Interessen und Werte der Herrschenden heimgesuchten Feldes, sozusagen primäre Ideologien, die sich den an den Werten und Interessen der Herrschenden ausgerichteten Verwendungen »ganz natürlich« anbieten.[9] Durch den metaphorischen Gebrauch der Dichotomien und Schemata des Alltagsdenkens verwandelt sich die Politik in Ontologie. Aber die Metapher, innerhalb deren sich diese Metaphysik entfaltet, führt nicht von den unsichtbaren zu den sichtbaren Dingen, sondern vom latenten und vielleicht unbewußten zum offen erklärten Gehalt des Diskurses: Als Übertragung eines Raums in den anderen beruht ihre Funktion in der Vereinigung der beiden Räume, die der durch die These von der ontologischen Differenz eingeführte falsche Einschnitt offiziell trennen wollte – und zwar auf Vereinigung insofern, als die ursprünglichen Gegensätze *erhalten* bleiben und weiterhin den Diskurs unterschwellig stützen.

Zwischen distinguierten philosophischen Geistern darf der Gegensatz von Distinguiertem und Vulgärem nicht vulgär zum Ausdruck gebracht werden: Heidegger hat einen viel zu geschärften Sinn für philosophische Distinktion, als daß man in seinem Werk – und bis hinein in seine politischen Schriften – »naiv« politische Thesen finden könnte. Und was läßt sich nicht alles an Beweisen für Heideggers Absicht anführen, gegenüber den schreiendsten Ausprägungen der Nazi-Ideologie auf Distanz zu gehen.[10] Die Opposition, die als »primäre« (im doppelten Wortsinn) zu bezeichnen wäre, begegnet innerhalb des Werkes nur noch auf der Ebene der in höchstem Maße zensierten Philosopheme, die, wie Euphemismen wirkend, entsprechend der unerschütterlichen Entwicklung des Systems sich fortwährend in neue, aber immer höchst sublimierte Formen verwandeln.

Die Formgebung bildet an sich eine Warnung: Kraft ihrer Erhabenheit spricht sie die souveräne Distanz aus zu allen Bestimmungen – handele es sich auch um all die -ismen, die die irreduzible Einmaligkeit eines Denkens auf die Einförmigkeit einer logischen Klasse reduzieren – und zu allen Determinismen, nicht zuletzt den sozialen, die die unverwechselbare Eigenheit eines Denkers auf die Banalität einer Klasse zurückführen. Diese Distanz, diese *Differenz* findet sich im Zentrum des philosophischen Diskurses wieder als Gegensatz von Ontologischem und Ontischem (oder Anthropologischem) und erstellt dem schon euphemisierten Diskurs ein weiteres, nunmehr uneinnehmbares Bollwerk: Künftig trägt jedes Wort die unauslöschliche, mitunter durch eines der mittlerweile so häufig nachgeahmten phonologischen Spiele (*existentiell-existential*) in die signifikante Substanz eingeschriebene Spur jenes Einschnitts, der den eigentlichen ontologischen Sinn vom alltäglichen und vulgären trennt.

Das Doppelspiel mit den in sich geteilten Worten findet seine natürliche Fortsetzung in den Warnungen vor den »vulgären« und »vulgär« »anthropologischen« Deutungen, die die verleugneten, aber ihnen nicht abgeschworenen und kraft philosophischer Sublimation zur abwesenden Präsenz einer gespensterhaften Existenz geweihten Bedeutungen offen an den Tag bringen würden: »Der Titel ›Besorgen‹ hat zunächst seine vorwissenschaftliche Bedeutung und kann besagen: etwas ausführen, erledigen, ›ins Reine bringen‹. Der Ausdruck kann auch meinen: sich etwas besorgen im Sinne von ›sich etwas beschaffen‹. Ferner gebrauchen wir den Ausdruck auch noch in einer charakteristischen Wendung: ich besorge, daß das Unternehmen mißlingt. ›Besorgen‹ meint hier so etwas wie befürchten. *Gegenüber diesen vorwissenschaftlichen, ontischen Bedeutungen wird der Ausdruck ›Besorgen‹ in der vorliegenden Untersuchung als ontologischer Terminus (Existential)* gebraucht als Bezeichnung des Seins eines möglichen In-der-Welt-seins. Der Titel ist nicht deshalb gewählt, weil etwa das Dasein zunächst und in großem Ausmaß ökonomisch und ›praktisch‹ ist, sondern weil das Sein des Daseins selbst als Sorge sichtbar gemacht werden soll. Dieser Ausdruck ist wiederum als *ontologischer Strukturbegriff* zu fassen. (...) Der Ausdruck hat nichts zu tun mit ›Mühsal‹, ›Trübsinn‹ und ›Lebenssorge‹, die ontisch in jedem Dasein vorfindlich sind.«[11]

Diese Strategien der Warnung hätten schon frühzeitig den Argwohn der französischen Leser wecken müssen, wären ihre Rezeptionsbedingungen nicht derart gewesen, daß sie kaum die Chance hatten, die verborgenen Konnotationen, die Heidegger im vorhinein schon abweist, zu vernehmen (zumal die Übersetzungen sie unter Berufung auf den Bruch zwischen Ontischem und Ontologischem auch systematisch »ausstreichen«). In der Tat kommen zu den Hindernissen, denen die Analyse eines Werks sich gegenübergestellt sieht, welches das Produkt derart bewußter und systematischer Euphemisierungsstrategien ist, in diesem Fall noch die abträglichen Wirkungen hinzu, die sich aus dem Export kultureller Erzeugnisse allgemein ergeben, nämlich das Verschwinden all der subtilen Hinweise auf die soziale und politische Zugehörigkeit sowie der (oft sehr diskreten) Merkmale der sozialen Bedeutung des Diskurses und der intellektuellen Position seines Autors, kurzum, das Verschwinden all der winzigen Kleinigkeiten des Diskurses, von denen natürlich der Insider als erster sich umgarnen läßt, die er aber auch, besitzt er nur einmal die notwendigen Techniken zu ihrer Objektivierung, besser als jeder andere erfassen kann. Wir denken hierbei zum Beispiel an all die der »verwalteten Welt« zugehörigen Konnotationen, die Adorno unter den »existentiellen« Begriffen wie *Begegnung, Gespräch* oder *Auftrag* und *Anliegen* aufdeckt, in Adornos Worten: »... Auftrag, wo der Unterschied zwischen einem von gerechten oder ungerechten Instanzen Verfügten und einem absolut Gebotenen, zwischen Autorität und Sentiment berechnet verschwimmt« – dies im übrigen ein Wort, dem bereits in der Dichtung Rilkes erstmals ein ambivalenter Status eignet (vgl. Th. W. Adorno, *Jargon der Eigentlichkeit*, Frankfurt am Main 1964, S. 66 ff., Zitat S. 71).

Die Durchsetzung eines das sakrale Wissen vom profanen Wissen scharf trennenden Einschnitts, kennzeichnend für den Ehrgeiz aller Spezialisten, der dahin geht, sich das Monopol über ein Wissen oder eine Praktik dadurch zu sichern, daß die anderen zu Profanen erklärt werden, gewinnt auf diese Weise eine eigentümliche Form: Allenthalben präsent, teilt dieser Einschnitt gleichsam jedes Wort in sich selbst auf, indem er ihm zu bedeuten aufgibt, daß es nicht bedeutet, was es zu bedeuten scheint, indem er ihm, mittels Anführungszeichen oder einer Veränderung der signifikanten Substanz selbst, wenn nicht schlicht nur durch die etymologische oder phonologische Verknüpfung mit einer lexikalischen Einheit, die Distanz einschreibt, die den »vulgären« oder »naiven« Sinn vom »eigentlichen« Sinn scheidet.[12] Durch Diskreditierung der primären Bedeutungen, die doch als verborgene Träger zahlreicher konstitutiver Beziehungen des manifesten Systems weiterhin funktionieren, eröffnet man sich die Möglichkeit, das Doppelspiel auf eine, wenn man so sagen will, zweite Stufe zu heben. Denn faktisch erfüllen diese verneinten Bedeutungen, trotz der sie ereilenden Anathema, weiterhin eine philosophische Funktion, spielen sie doch zumindest noch die Rolle eines negativen Referenten, gegenüber dem sich die philosophische – und soziale – Distanz abzeichnet, die das »Ontologische« vom »Ontischen« trennt, das heißt den Eingeweihten vom Laien, den in seiner Unbildung oder Perversion allein die Verantwortung trifft für die schuldhafte Beschwörung der gewöhnlichen Bedeutungen. Die Worte anders als alle Welt zu verwenden, die subtile Wahrheit, das *Etymon*, das die Routine des alltäglichen Gebrauchs sich entgehen läßt, neuerlich zu aktivieren, bedeutet, das richtige Verhältnis zu den Worten zur Grundlage für das Scheitern oder den Erfolg der philologisch-philosophischen Alchimie zu erheben: »Scheitert ein an Herz und Seele nicht eingeweihter Alchimist, so nicht nur, weil er grobe, gemeine Elemente verwendet, sondern vor allem auch deshalb, weil er mit den gemeinen *Eigenschaften* dieser groben Elemente und nicht mit den *Tugenden* idealer Elemente denkt. So sind wir, ist erst einmal die vollkommene und absolute Zweiteilung vollzogen, im vollen Erfahrungsbereich der *Idealität*.«[13] Auch die Sprache besitzt ihre subtilen Elemente, die die philologisch-philosophische Subtilität freisetzt, etwa die grammatikalische Dualität des griechischen *on*, das nominale und verbale Bedeutung besitzt und Heidegger zu folgender Aussage inspiriert: »Was, so dargestellt, sich zunächst wie eine grammatische Spitzfindigkeit ausnimmt, ist in Wahrheit das Rätsel des Seins.«[14]

Auf diese Weise sich der Wirksamkeit der philosophischen Verneinung anvertrauend, kann man am Ende sogar so weit gehen, die zensierten Bedeutungen neuerlich in Erinnerung zu rufen und aus der vollkommenen Umkehrung des Verhältnisses zwischen offenbarem und verborgenem System, die durch diese *Wiederkehr des Verdrängten* provoziert wird, einen zusätzlichen Effekt zu ziehen: Was könnte in der Tat die Macht des »wesentlichen Denkens« besser unter Beweis stellen als seine Fähigkeit, derart lächerlich kontingente – und des Denkens so unwürdige, daß man sie nur in Anführungszeichen nennt – Realitäten wie die »Fürsorge als faktische Einrichtung« im Sein selbst zu fundieren?[15] So kommt in dieser »verkehrten Welt«, in der das Ereignis allemal nur zur Illustration des »Wesens« taugt, der Grund dazu, durch das begründet zu werden, was er begründet.[16] »Die ›Fürsorge‹ als faktische soziale Einrichtung z. B. gründet in der Seinsverfassung des Daseins als Mitsein. Ihre faktische Dringlichkeit ist darin motiviert, daß das Dasein sich zunächst und zumeist in den defizienten Modi der Fürsorge hält.«[17] Der grelle und doch unsichtbare Verweis – unsichtbar, weil so grell – trägt zur Verschleierung der Tatsache bei, daß ein Werk, das offiziell der Besinnung einer ontologischen Eigenschaft des Daseins gewidmet ist, darin das »empirische« (also alltägliche, gewöhnliche, banale) »Bedürfnis« nach Fürsorge eine nur faktische, ereignishafte Äußerung darstellt, *niemals aufgehört hat, von der (Sozial-)Fürsorge zu sprechen.* »Sieh her, was Du für ein Lügner bist, wenn Du sagst, Du fährst nach Krakau, willst Du doch, daß ich glauben soll, Du fährst nach Lemberg. Nun weiß ich aber, daß Du wirklich fährst nach Krakau. Also warum lügst Du?« Wie in dieser perfekten Illustration des Paradigmas vom *gestohlenen Brief*, das Lacan mit dieser Episode erhellt[18], so möchte auch der euphemisierte Diskurs glauben machen, daß, indem er erklärt, was er wirklich sagt, er nicht wirklich sagt, was er doch nie aufgehört hat zu sagen. Denn darin besteht kein Zweifel: Die (Sozial-) Fürsorge ist es, die dem Unterstützungsempfänger »die Sorge abnimmt«, »im Besorgen sich an seine Stelle« setzt, was diesen der Sorge um sich selbst enthebt, zur Sorglosigkeit ermächtigt und die »Tendenz zum Leichtnehmen und Leichtmachen« unterstützt, so wie auch die philosophische *Fürsorge*, eine sublime Variante der zuvor erwähnten, das *Dasein* von der Sorge entlastet, oder, wie es der Sartre von 1943 sagte (oder hätte sagen können), das Für-sich von der Freiheit befreit und es derart zur »Unwahrhaftigkeit« und zum »Geist der Ernsthaftigkeit« in der »uneigentlichen« Existenz verdammt. »Das Man *entlastet* so das jeweilige Dasein in seiner Alltäglichkeit. Nicht nur das: mit dieser Seinsentlastung kommt das Man dem Dasein entgegen, sofern in diesem die Tendenz zum *Leichtnehmen* und *Leichtmachen* liegt. Und weil das Man mit der Seinsentlastung dem jeweiligen Dasein ständig entgegenkommt, behält es und verfestigt es seine hartnäckige Herrschaft.«[19]

Alles wird aufgeboten, um jeden Versuch als anstößig oder ignorant zu denunzieren und dadurch zu unterbinden, der gegenüber dem Text die *Gewalt* ausüben wollte, deren Legitimität doch gerade auch Heidegger anerkennt, wenn er sie auf Kant anwendet, und die allein imstande ist,

»dem, was die Worte sagen, dasjenige abzuringen, was sie sagen wollen«. Jede Darstellung des originären Denkens, die sich der inspirierten Paraphrase des unübersetzbaren Ideolekts sperren sollte, hat in den Augen der Hüter des Schatzes sich im vorhinein schon das Urteil gesprochen.[20] Die einzige Art und Weise auszusprechen, was die Worte *sagen wollen*, die niemals naiv sagen, was sie sagen, oder, was auf dasselbe hinausläuft, die es immer, freilich auf nicht-naive Weise, sagen, besteht darin, das Irreduzible doch zu reduzieren, das Unübersetzbare doch zu übersetzen, zu sagen, was sie sagen wollen, und zwar gerade in der naiven Form, die zu negieren ihre primäre Funktion ist. Die »Eigentlichkeit« bezeichnet nicht naiv die exklusive Eigenschaft einer sozialen »Elite«; sie verweist vielmehr auf eine universelle Möglichkeit – wie die »Uneigentlichkeit« –, die freilich real nur denen zukommt, denen es gelingt, sie als solche zu erfassen und sich zu eigen zu machen und sich so zu befähigen, »sich« der »Uneigentlichkeit« zu »entreißen«, dieser Ursünde gleichsam, die erst durch die Konversion einiger weniger in eigenverantwortliche Schuld, in »eigenste(s) Schuldigsein« verwandelt ist. In aller Klarheit spricht das Jünger aus: »Ob er aber sein Schicksal habe oder als Ziffer gelte: das ist die Entscheidung, die heute zwar jedem aufgezwungen wird, doch die er *allein* zu fällen hat. (...) Es ist der freie Mensch gemeint, so wie ihn Gott geschaffen hat. Dieser Mensch ist keine Ausnahme, stellt keine Elite dar. Er verbirgt sich vielmehr in jedem, und Unterschiede ergeben sich nur aus dem Grade, bis zu welchem der Einzelne die ihm verliehene Freiheit zu verwirklichen vermag.«[21] Ihrer abstrakten Freiheit nach gleich, sind die Menschen ungleich im Hinblick auf ihre Fähigkeit, sich ihrer Freiheit im eigentlichen Sinne zu bedienen – und nur eine »Elite« vermag die universell angebotenen Möglichkeiten des Zugangs zur Freiheit der »Elite« auch sich wirklich anzueignen. Dieser ethische Voluntarismus – den Sartre auf die Spitze treiben wird – transformiert den objektiven Dualismus der sozialen Schicksale in einen solchen des Verhältnisses zur Existenz und macht dabei aus der eigentlichen Existenz eine »existentielle Modifikation« der gewöhnlichen Weise, die alltägliche Existenz zu erfassen, das heißt im Klartext: eine Revolution im Denken.[22] Die Eigentlichkeit mit dem Erfassen der Uneigentlichkeit, mit jenem Moment der Wahrheit beginnen lassen, da das *Dasein* sich in der Angst als dasjenige erkennt, was kraft eigener Entscheidung Ordnung in die Welt projiziert, eine Art (Kierkegaardscher) »Sprung« ins Unbekannte[23], oder anders, die Reduzierung des Menschen auf die Verfassung eines »Vorhandenen« beschreiben, eines Werkzeugs als einer anderen Art und Weise, die alltägliche Existenz zu erfassen, jener des »Man«, das, sich als Werkzeug begreifend, sich um Werkzeug »besorgt«, sofern es »zuhanden« ist, zum Werkzeug wird, sich den anderen anpaßt wie ein Werkzeug den anderen Werkzeugen, das eine Funktion erfüllt, die andere ebensogut erfüllen könnten und, derart reduziert auf den Zustand eines austauschbaren Elements einer Gruppe, sich selbst verliert, wie das Werkzeug sich im Vollzug seiner Funktion aufhebt –: das heißt, die objektive Dualität sozialer Bedingungen zu verkürzen auf die Dualität von Existenzweisen, die doch von diesen offenkundig ungleich begünstigt werden; heißt gleichzeitig sowohl die, welche sich den Zutritt zur »eigentlichen« Existenz sichern, als auch die, welche sich der »uneigentlichen« Existenz »überlassen«, für das verantwortlich zu machen, was sie je sind, und zwar die einen kraft ihrer »Entschlossenheit«[24], die sie der Alltäglichkeit entreißt und ihnen die Seinsmöglichkeiten eröffnet, die anderen durch ihr »Aufgehen in der Welt«, ihre »Flucht« und »Abkehr«, die sie zum »Verfallen« und zur »Fürsorge« verdammen.

V
Die interne Analyse und der Respekt der Formen

Stil-»Höhe« ist keine akzidentielle Eigenschaft des philosophischen Diskurses. Durch sie bekundet sich dieser vielmehr als autorisierter Diskurs, der gerade auch seiner Konformität wegen mit der Autorität einer Körperschaft ausgestattet ist, der die Ausübung einer Art theoretischer Lehrautorität (mit je nach Autor und Epoche Dominanz des Logischen oder des Ethischen) obliegt. Stile sind, im gewöhnlichen Sprachgebrauch wie im gelehrten Diskurs, hierarchisiert und hierarchisierend: Einem Denker »von Rang« entspricht eine Sprache »von Rang«. Das erst erwirkt, daß die »hektische Stillosigkeit« der Reden von 1933 all denen unangebracht erscheint, die über den Sinn für philosophische Würde, das heißt über den Sinn für ihre Würde als Philosophen verfügen – dieselben, die das philosophisch stilvollendete Pathos von *Sein und Zeit* als ein philosophisches Ereignis begrüßen.[1]

Durch die Stil-»Höhe« bringen sich gleichermaßen der Rang eines Diskurses wie der diesem Rang schuldige Respekt in Erinnerung. Man behandelt eine Phrase wie »Die eigentliche Not des Wohnens beruht darin, daß die Sterblichen das Wesen des Wohnens immer erst wieder suchen, daß sie *das Wohnen erst lernen müssen*«[2] einfach nicht so wie etwa die alltägliche Äußerung »die Wohnungsnot wird immer schlimmer« oder auch selbst eine wissenschaftliche Aussage der Art: »Im Berliner Geschäftsviertel am Hausvogteiplatz stieg der Grundstückspreis pro

Quadratmeter von 115 Mark im Jahre 1865 auf 344 Mark im Jahre 1889 und schließlich auf 990 Mark im Jahre 1895.«[3] Als *formgemäßer* Diskurs zwingt der philosophische Diskurs selbst noch die Normen seiner eigenen Wahrnehmung auf. Die Formgebung, die den Profanen in geziemendem Abstand hält, schützt den Text vor der »Trivialisierung«, indem sie ihn einer *internen Lektüre* anheimgibt, verstanden im doppelten Sinne einer in den Grenzen des Textes sich haltenden und, untrennbar damit verbunden, einer der geschlossenen Gruppe von Spezialisten in Sachen »Lektüre«, die deren »internalistische« Definition als selbstverständlich anerkennen, überlassenen Lektüre: Es genügt die Frage nach den sozialen Verwendungsweisen des philosophischen Textes, um sogleich zu erkennen, daß dieser seinem Selbstverständnis nach (faktisch) nur von »Philosophen« gelesen werden kann, das heißt von vorgängig konvertierten Lesern, die bereit sind, den philosophischen Diskurs als solchen zu erkennen und anzuerkennen, ihn also so zu lesen, wie er gelesen zu werden wünscht, nämlich »philosophisch«, entsprechend einer reinen und rein philosophischen Intention, die jeden anderen Bezug als den zum Diskurs selbst, der, als seine eigene Grundlegung, auf nichts Äußerliches verweist, ausschließt.

Der institutionalisierte Zirkel des kollektiven Verkennens, in dem der Glaube an den Wert eines ideologischen Diskurses gründet, stellt sich erst dann her, wenn die Struktur des Produktions- und Zirkulationsfeldes dieses Diskurses so beschaffen ist, daß die *Verneinung*, die er leistet, indem er das, was er sagt, nur in einer Form sagt, die zu zeigen versucht, daß er es nicht sagt, auf Interpreten trifft, die imstande sind, den Inhalt, den er verneint, *neuerlich zu verkennen*; wenn das, was die Form verneint, neuerlich verkannt, das heißt in der und nur in der Form, in der es sich in seiner Negation realisiert, erkannt und anerkannt wird. Kurz, ein Diskurs der Verneinung erheischt eine formale (oder formalistische) Lektüre, die die anfängliche Verneinung (an)erkennt und reproduziert, statt sie zu negieren und derart aufzudecken, was sie negiert. Die symbolische Gewalt, die jeder ideologische Diskurs in seiner Eigenschaft als Verkennung, die eine erneute Verkennung erheischt, in sich birgt, wird nur in dem Maße wirksam, wie es ihm gelingt, von seinen Empfängern so behandelt zu werden, wie er es fordert, das heißt mit allem ihm gebührenden Respekt, den Formen gemäß, als Form. Eine ideologische Produktion ist um so erfolgreicher, je fähiger sie ist, denjenigen *ins Unrecht zu setzen*, der sie auf ihre objektive Wahrheit zu *reduzieren* versucht: Das Aussprechen der verborgenen Wahrheit des Diskurses erregt Skandal, weil so gesagt wird, was »als Letztes« zu sagen war.

Es ist erstaunlich, daß Heidegger, der doch jegliche externen oder reduktiv vorgehenden Deutungen seines Werkes vehement verwirft und kritisiert (Brief an Jean Wahl, an Jean Beaufret, an einen Studenten, an Richardson, Gespräch mit einem japanischen Philosophen usw.), nicht zögert, gegen seine Konkurrenten (besonders Sartre) Argumente eines »groben« Soziologismus in Anschlag zu bringen, und so zum Beispiel, um der Sache willen, dem Thema der »Diktatur der Öffentlichkeit« die strenggenommen *soziale* (wenn nicht sogar soziologische) Bedeutung wiedergibt, die es in *Sein und Zeit* unzweifelhaft gehabt hatte – und das gerade in einem Abschnitt, in dem er sich um den Aufweis bemüht, daß die »existentiale Analytik« des »Man« »keineswegs nur einen beiläufigen Beitrag zur Soziologie (liefern soll)« (vgl. M. Heidegger, *Über den Humanismus*, Frankfurt am Main 1949, S. 8; auch unter dem Titel *Brief über den »Humanismus«*, in: *Wegmarken, l. c.*, S. 317 f.). Diese Neuverwendung von Heidegger I durch Heidegger II bezeugt (auch mit dem »nur« des zitierten Satzes), daß Heidegger II nichts von Heidegger I abgeschworen hat.

Noch die raffiniertesten symbolischen Strategien können die Bedingungen für ihren Erfolg nicht selbst schaffen, so daß sie zum Scheitern verurteilt wären, könnten sie nicht auf die wirksame Komplizität einer ganzen Schar von Hütern der Orthodoxie zählen, die für die anfängliche Verdammung reduktiver Lektüren Propaganda machen und sie so verstärken.[4] In diesem Sinne hat der *Brief über den »Humanismus«*, die hervorstechendste und auch am häufigsten zitierte direkte Intervention mit dem Ziel, das Verhältnis zwischen offenbarem und latentem System und darin das öffentliche Image des Werkes strategisch zu manipulieren, sozusagen wie ein Hirtenbrief gewirkt, wie eine unendliche Matrix für Kommentare, die es noch dem schlichtesten Priester des Seins gestattet, die in jeder der herrischen Warnungen eingeschriebene Abstandnahme zu wiederholen und sich derart auf die richtige Seite des Einschnitts zwischen den Eingeweihten und den Profanen zu stellen. In dem Maße, wie die Welle, immer weitere Kreise schlagend, sich ausbreitet: durch Selbstdeutungen, inspirierte Kommentare, gelehrte Doktorarbeiten, Einführungswerke und schließlich Lehrbücher; in dem Maße, wie man in der Hierarchie der Interpreten nach unten steigt und die »Höhe« der Phrasen und Paraphrasen schwindet, kehrt auch der exoterische Diskurs zu seiner Wahrheit zurück, wobei freilich, wie in den Emanationsphilosophien, die Diffusion mit einem Verlust an Wert, wenn nicht an Substanz einhergeht und dem »trivialisierten« und »vulgarisierten« Diskurs das Zeichen seiner Wertabnahme anhaftet – und so dazu beiträgt, den Wert des originellen oder originären Diskurses noch zu steigern.

Heidegger braucht nur zu behaupten, daß »die Philosophie ... *wesenhaft* unzeitgemäß (ist), weil sie zu jenen Dingen gehört, deren Schicksal es bleibt, nie einen unmittelbaren Widerklang in ihrem jeweiligen Heute finden zu können und auch nie finden zu dürfen«[5]; oder auch, daß »es zum Wesen jeder echten Philosophie gehört, daß sie von ihren Zeitgenossen notwendig mißverstanden wird«[6] – damit alle Kommentare allsogleich in den Chor einstimmen: »Es ist das Geschick jedes philosophischen Denkens, daß es, einmal über einen bestimmten Grad an Geschlossenheit und Strenge hinausgehend, von den Zeitgenossen, die es auf die Probe stellt, mißverstanden wird. Als Apostel des Pathetischen, Verkünder des Nihilismus, Gegner der Logik und Wissenschaft einen Philosophen eingestuft zu haben, dessen ausschließliche und stete Bemühung das Problem der Wahrheit war, gehört wohl zu den befremdlichsten Lächerlichkeiten, dessen die Leichtfertigkeit einer Epoche sich zuschulden kommen lassen konnte.«[7] »Deshalb tun wir gut daran, Heidegger nicht vorschnell in irgendwelche aktuellen Bezüge stellen zu wollen, sondern uns der Einsicht zu öffnen, wie fremd sein Denken in unserer Zeit und unter ihren Aktualitäten steht.«[8]

Die Beziehungen, die sich zwischen dem Werk eines großen Autors und den Interpretationen oder Überinterpretationen, die es nach sich zieht und *herbeizitiert*, oder den Selbstinterpretationen ergeben, die den verunglückten oder übelwollenden Deutungen zuvorkommen oder sie zurechtrücken und die angemessenen Deutungen legitimieren sollen, sind – bis auf den Humor – voll und ganz jenen ähnlich, die seit Duchamps sich auch zwischen dem Künstler und den Interpreten einstellen: In beiden Fällen geht in die Produktion vorab die Deutung ein, zieht jene, indem sie mit dem Interpreten gleichsam ein Doppelspiel treibt, die Überinterpretation auf sich, nicht ohne sich dabei die Möglichkeit offenzuhalten, sie unter Berufung auf die wesentliche Unausschöpfbarkeit des Werkes zurückzuweisen, die dazu verleiten kann, gleichermaßen alle Interpretationen zu verwerfen oder anzuerkennen, kraft jenes Effekts der Transzendenz der schöpferischen Macht, die sich auch als Macht zur Kritik und Selbstkritik geltend macht.[9] Heideggers Philosophie dürfte denn auch das erste und vollkommenste der philosophischen *ready mades* darstellen, jener Werke, dazu *gemacht, um* interpretiert zu werden, und *gemacht von* der Interpretation, oder, genauer, von der Interaktion zwischen dem Interpreten, der notwendig *exzessiv* verfährt, und dem Produzenten, der, mittels seiner Dementis, Retuschen und Korrekturen, zwischen dem Werk und seinen Interpretationen eine unüberwindliche Kluft aufrechterhält.[10]

Die Analogie ist weniger künstlich, als sie auf den ersten Blick erscheinen mag: Indem Heidegger festlegt, daß der Sinn der »ontologischen Differenz«, der sein Denken von allem vorhergehenden scheidet[11], auch der sei, der die »vulgären«, unterhalb des Ontologischen ansetzenden und naiv »anthropologischen« Interpretationen (wie die Sartres) von den »eigentlichen« unterscheidet, schützt er sein Werk vor fremdem Zugriff und fällt so im vorhinein über jede Lektüre das Urteil, die, absichtlich oder nicht, sich an den gewöhnlichen Sinn halten und zum Beispiel die Untersuchung der »eigentlichen« Existenz auf eine »soziologische« Beschreibung verkürzen sollte, wie es gewisse Interpreten – sicherlich in bester Absicht, doch mit mangelnder Inspiration – getan haben und wie es auch, freilich mit ganz anderen Absichten, der Soziologe tut. Im Werk selbst den Unterschied zweier Lektüren des Werkes postulieren, heißt, sich in die Lage versetzen, vom konformen Leser erwarten zu dürfen, daß er – angesichts noch so abstruser Wortspiele und zum Himmel schreiender Plattitüden – gegen sich selbst die gebieterischen Warnungen kehrt und, zwar allzu gut verstehend, aber die Authentizität seines Verstehens doch auch wieder in Zweifel ziehend, sich untersagt, ein Werk zu beurteilen, das ein für allemal zum Maßstab seines eigenen Verstehens eingesetzt wurde.

Im folgenden, nur am Rande, ein vortreffliches Beispiel für jenen interpretativen Überschuß, der darauf hinausläuft, umfassend die von der Internationale der Interpreten angehäuften Reserven zu mobilisieren, um ja der schon vorgängig, kraft eines gebieterischen Wortspiels, angeprangerten Simplizität zu entkommen: »In English this term (errance) is an artefact with the following warrant: The primary sense of the Latin *errare* is ›to wander‹, the secondary sense ›to go astray‹ or ›to err‹, in the sense of ›to wander from the right path‹. This double sense is retained in the French *errer*. In English, the two senses are retained in the adjectival form, ›errant‹: the first sense (›to wander‹) being used to describe persons who wander about searching for adventure (vgl. ›knights errant‹); the second sense signifying ›deviating from the true or correct‹, ›erring‹. The noun form, ›errance‹, is not justified by normal English usage, but we introduce it ourselves (following the example of the French translators, pp. 96 ff.), intending to suggest both nuances of ›wandering about‹ and of ›going astray‹ (›erring‹), the former the fundament of the latter. This seems to be faithful to the author's intention and *to avoid as much as possible the simplest interpretations*, that would spontaneously arise by translating as ›error‹.« (W. J. Richardson, *l. c*., S. 224, Anm. 29, Hervorh. von P. B.; vgl. auch S. 410 über die Unterscheidung von *poetry* und *poesy*)

Bürgen, Autoritäten, Garanten, die sie sind, bilden die Texte zwangsläufig Einsätze von Strategien, die in jenen Bereichen erfolgreich nur wirken können, wenn sie sich als solche kaschieren – und vornehmlich (dies die Funktion des Glaubens) vor den Augen ihrer Autoren selbst. Die mit ihnen gegebene Teilhabe am symbolischen Kapital fordert als Gegenleistung den Respekt vor den Schicklichkeiten, die in jedem einzelnen Fall, entsprechend der objektiven Distanz zwischen Werk und Interpreten, den Stil der sich zwischen ihnen herstellenden Beziehungen festlegt. Im Grunde wäre jeweils eine umfassende Analyse der spezifischen Interessen von Interpret, Entdecker, bestalltem Wortführer, inspiriertem Kommentator oder einfachem Repetitor geboten, unter Berücksichtigung der jeweiligen Position, die das interpretierte Werk wie der Interpret im betreffenden Zeitpunkt innerhalb ihrer Hierarchien einnehmen; weiterhin wäre zu bestimmen, worin und wie diese Interessen die Interpretation leiten. In diesem Sinne wird auch eine dem Anschein nach so paradoxe Position wie die der französischen Heidegger-Marxisten – deren Ahnherren Marcuse[12] und Hobert[13] sind – erst dann verständlich, wenn man die Tatsache in Betracht zieht, daß das Heideggersche Unternehmen einer Reinwaschung den Bestrebungen derer unter den Marxisten entgegenkam, die, nicht minder darum bemüht, sich reinzuwaschen, die zu jener Zeit faszinierendste Philosophie mit der damals gerade unter dem Verdacht höchster »Trivialität« stehenden *plebeia philosophia* schlechthin verbanden. Von all den im *Brief über den »Humanismus«* enthaltenen Manövern vermochte keines die »distinguierten« Marxisten nachhaltiger zu treffen als jene Strategie zweiter Stufe, die darin besteht, die typisch Heideggersche Strategie der (falschen) *Überwindung kraft Radikalisierung*, die der frühe Heidegger gegen den Marxschen Begriff der »*Entfremdung*« gerichtet hatte, innerhalb eines neuen politischen Kontextes – der die Redeweise vom »produktiven Gespräch mit dem

Marxismus« zwingend machte – zu reinterpretieren: Repräsentiert die »Fundamentalontologie«, die die »Erfahrung der Entfremdung«, so wie sie Marx (freilich auf eine noch zu »anthropologische« Weise) beschreibt, in der fundamentalen Entfremdung des Menschen begründet, der radikalsten überhaupt, nämlich dem Vergessen der Wahrheit des Seins, nicht das *non plus ultra* an Radikalismus?[15]

Man muß sich die oft verblüffenden Argumente nur noch einmal vor Augen führen, mit denen Jean Beaufret, Henri Lefebvre, François Châtelet und Kostas Axelos[16] ihre Gleichsetzung von Marx und Heidegger rechtfertigen, um sich überzeugen zu lassen, daß diese unerwartete philosophische Kombination sich nur in unerheblichem Umfang strikt »immanenten« Gründen verdankt: »Ich war *gebannt* und hingerissen von einer Vision – dies Wort paßt nicht ganz –, die um so packender war, als sie *in starkem Kontrast stand zur Trivialität* der meisten in den letzten Jahren publizierten Texte...« (H. Lefebvre); »Zwischen der kosmisch-geschichtlichen Sicht Heideggers und der historisch-praktischen Konzeption von Marx besteht *kein Antagonismus*« (H. Lefebvre); »Der gemeinsame Grund bei Marx und Heidegger, das, was sie in meinen Augen verbindet, ist unsere Epoche, die der fortgeschrittenen industriellen Zivilisation und des weltumspannenden Phänomens der Technik (...) Den beiden Denkern ist zumal dasselbe Objekt gemeinsam (...) Das *unterscheidet sie zum Beispiel von den Soziologen*, die bloß dessen hier und da auftretende Manifestationen analysieren« (Fr. Châtelet)[17]; »Marx und Heidegger zeugen beide von einer *Radikalität* in der Infragestellung der Welt, von der gleichen radikalen Kritik der Vergangenheit und von der gleichen Bestrebung, die planetarische Zukunft vorzubereiten« (K. Axelos); »Heidegger stellt es sich zur wesentlichen Aufgabe, uns im Vernehmen dessen, was Marx gesagt hat, beizustehen.« (J. Beaufret) »Die Unmöglichkeit, Nazi zu sein, ist eins mit der Umkehrung von *Sein und Zeit* in *Zeit und Sein*. Hat *Sein und Zeit* Heidegger nicht vor dem Nazismus bewahrt, so ist *Zeit und Sein* auch kein Buch, vielmehr die Summe seiner Überlegungen seit 1930 und seiner Veröffentlichungen seit 1946, die ihn auf immer von jenem entrückt haben« (J. Beaufret); »Heidegger ist *unzweifelhaft Materialist*« (H. Lefebvre); »Heidegger *setzt*, mit einem ganz anderen Stil, *das Werk von Marx fort*« (Fr. Châtelet).

Die spezifischen Interessen der Interpreten und die Logik des Feldes selbst, die den Werken mit dem größten Prestige die Leser zuträgt, die am stärksten zum hermeneutischen Opfer geneigt und seiner fähig sind, reichen indes nicht aus, um zu erklären, wieso die Heideggersche Philosophie in den unterschiedlichsten Sektoren des philosophischen Feldes zu einem spezifischen Zeitpunkt als die *distinguierteste*, am stärksten Differenzen setzende Verwirklichung der philosophischen Intention anerkannt werden konnte. Dieses soziale Los konnte ihr vielmehr nur auf der Basis einer vorgängigen Affinität von Dispositionen zufallen, die selbst wieder auf die Logik der Rekrutierung und Ausbildung der Philosophie-Professoren bzw. -Lehrer, den Standort des philosophischen Feldes innerhalb der Struktur des universitären und intellektuellen Feldes usw., verweist. Der kleinbürgerliche Aristokratismus dieser »Elite« der professoralen Körperschaft, welche die Professoren und Lehrer der Philosophie waren, die, zumeist aus den unteren Schichten des Kleinbürgertums hervorgegangen, kraft schulischer Heldentaten den Gipfel der Hierarchie der geisteswissenschaftlichen Fächer erklommen hatten, die Verrücktenecke des akademischen Systems also, abseits der Welt und weitab von aller Macht über sie, konnte gar nicht anders, als mit diesem exemplarischen Produkt einer homologen Disposition in Resonanz zu treten.

Keiner der scheinbar einzigartigen Effekte der Heideggerschen Sprache, zumal jene, die konstitutiv sind für die *flaue Rhetorik der Homilie*, dieser Variation über die Worte eines sakralen Textes, der als Matrix eines unendlichen und insistierenden, vom Willen, ein seiner Definition nach unausschöpfbares Sujet auszuschöpfen, getriebenen Kommentars wirkt – keiner dieser Effekte also, der nicht einen exemplarischen Grenzfall, folglich die absolute Legitimation darstellte für die professionellen Kunstkniffe und Tricks, die es den »Katederpropheten«, wie Weber formuliert, erlaubt, tagtäglich die Illusion der Außeralltäglichkeit zu reproduzieren. Den Effekten des priesterlichen Prophetentums ist Erfolg nur auf der Basis der tiefliegenden Komplizenschaft beschieden, die Autor und Interpreten aneinanderbindet in der gemeinsamen Akzeptierung jener Voraussetzungen, die in der soziologischen Bestimmung der Funktion des »vom Staat besoldeten kleinen Propheten«, um nochmals Weber zu zitieren, schon impliziert sind – und worunter keine den Interessen Heideggers besser zupaß kam als gerade die *Verabsolutierung des Textes*, die von einer jeden gebildeten Lektüre, die auf sich hält, vollzogen wird: Es bedurfte einer derart außergewöhnlichen Übertretung des akademischen Gebots der Neutralität wie Heideggers Beitritt zur Nazipartei, damit überhaupt einmal die – übrigens bald schon wieder als anstößig verworfene – Frage nach dem »politischen Denken« Heideggers gestellt wurde. Was im übrigen noch immer eine Form von Neutralisierung darstellt: Die Philosophie-Professoren haben derart tiefgreifend die Definition verinnerlicht, wonach aus der Philosophie jeglicher offene Bezug auf die Politik ausgeschlossen sei, daß sie vergessen haben, daß die Philosophie Heideggers durch und durch politisch ist.

Das formgemäße Verstehen bliebe freilich formal und leer, würde es nicht häufig die Maske eines sowohl tiefgründigeren als auch dunkleren Verstehens bilden, das sich auf der mehr oder minder perfekten Homologie der Positionen wie auch der Affinität der Habitusformen aufbaut. Verstehen heißt auch, auf bloße Andeutungen hin verstehen und zwischen den Zeilen lesen können, indem auf praktische (das heißt zumeist: unbewußte) Weise die Assoziationen und sprachlichen Substitutionen, die der Produzent anfänglich ebenso unbewußt vollzogen hat, nachvollzogen werden: Damit wird der spezifische Widerspruch des ideologischen Diskurses praktisch aufgelöst, insofern dieser, der seine gesamte Wirksamkeit aus seiner Duplizität zieht, das soziale Interesse legitimerweise nur in der Form zum Ausdruck bringen kann, die es verschleiert oder aber verrät. Die Homologie der Positionen und die mehr oder minder perfekte Abgestimmtheit der Habitusformen begünstigt ein *praktisches Wiedererkennen* ebenso der Interessen, deren Sprachrohr der Leser ist, wie der besonderen Ausprägung der Zensur, die deren direkte Äußerung verbietet; und dieses Wiedererkennen und Anerkennen verschafft, jenseits aller bewußten Decodierung, Zugang zu dem, was der Diskurs *sagen will*.[18] Dieses Verstehen diesseits der Worte erwächst aus dem Zusammentreffen eines noch nicht zum Ausdruck gebrachten, wenn nicht sogar verdrängten Ausdrucksinteresses mit seinem konformen, das heißt entsprechend den stillschweigend akzeptierten Normen des philosophischen Feldes erstellten Ausdruck. Derselbe Sartre, der sich ohne jeden Zweifel gegen die elitären Glaubensbekenntnisse Heideggers aufgelehnt hätte, wären sie ihm nur in all dem Dekor des »rechten Denkens« präsentiert worden, wie Simone de Beauvoir es nachgezeichnet hat – die Heidegger vergißt[19] –, dieser Sartre also vermochte den Ausdruck, den das Werk Heideggers seiner eigenen Erfahrung der sozialen Welt gab, doch nur zu verstehen, wie er ihn verstand, weil er sich ihm in einer Form präsentierte, die in Einklang stand mit den Schicklichkeiten und Konventionen des philosophischen Feldes. Die Kommunikation der philosophischen Bewußtseine kann sich so auf die Kommunikation des sozialen Unbewußten stützen. Man denke an Sartres *Ekel* – als den sublimierten Ausdruck der Erfahrung eines jungen »Elite«-Intellektuellen, der sich plötzlich mit der *Bedeutungslosigkeit* (und darin *Absurdität*) eines Platzes konfrontiert sieht, der ihm, als Philosophielehrer in einem Provinzstädtchen, zugewiesen wurde. Der Intellektuelle, innerhalb der herrschenden Klasse in einer mehr als prekären Lage, ein illegitimer Bourgeois, bar aller Rechte des Bourgeois und selbst noch der Möglichkeit beraubt, sie einzuklagen (eine objektive Situation, die ihren nahezu transparenten Ausdruck im Thema des »Bastards« findet), vermag sich ausschließlich im Gegensatz zur übrigen sozialen Welt zu definieren, zu den »Schweinen«, den »Bourgeois« – freilich mehr im Sinne Flauberts als in dem von Marx –, das heißt zu all denen, die sich in ihrer Haut wohlfühlen und mit ihren Rechten zufrieden sind, insofern ihnen sowohl das Glück wie das Unglück beschieden ist, nicht zu denken. Akzeptiert man einmal, im Bourgeois und im Intellektuellen »existentielle« Verwirklichungen dessen zu sehen, was dann später, im philosophisch euphemisierten System, als »An-sich« und »Für-sich« auftritt, so wird auch die Bedeutung der »Sehnsucht nach Gott« verständlicher, das heißt die Sehnsucht nach Versöhnung von Bourgeois und Intellektuellem (»leben wie ein Bourgeois«, sagt Flaubert, »und denken wie ein Halbgott«), von gedankenloser Macht und machtlosem Denken.[20]

VI
Die Selbstinterpretation und die Entwicklung des Systems

Welchen Anteil auch immer die äußeren politischen Ereignisse am vorsichtigen Rückzug oder der listigen Dissidenz gehabt haben mögen, die Heidegger, nachdem er vom Nazismus (das heißt zweifellos von den »vulgären« und zu wenig *radikalen* Aspekten der Bewegung) »enttäuscht« war[1], zu den in jener Epoche akzeptierbaren Autoren (im besonderen Nietzsche) oder historisch weit zurückliegenden Themen geführt haben, so bleibt doch bestehen, daß die berühmte »*Kehre*«, verkündet im *Humanismusbrief* und sowohl vom Autor selbst als auch von den Kommentaren unterschiedslos als radikaler Bruch oder als bloße Vertiefung beschrieben, nichts anderes ist als die Vollendung jener integrativen Arbeit, die das offenbare System zu sich selbst kommen läßt, womit es nun, dank der darin erworbenen zusätzlichen Euphemisierung, auf wundersame Weise den Zeiten entgegenkommt, in denen die Zensur sich verschärft (unter dem Naziregime, nach dem Rücktritt, und nicht minder nach dem Zusammenbruch des Naziregimes).[2] Sich vollendend, rückt das System von seinen Ursprüngen ab und nähert sich ihnen zugleich: Der brachiale Einbruch politischer Phantasmen nimmt in dem Maße ab, wie das System, sich über sich selbst abschließend, das heißt über den letzten Implikaten seiner anfänglichen Postulate, zu seiner Vollendung und Erfüllung kommt – kraft steten Fortschreitens hin zum absoluten Irrealismus, der, wie Husserl schon sehr früh bemerkt hatte, von Anfang an in der philosophischen Axiomatik, homolog zum politischen Nihilismus, angelegt war. Indem Heidegger jetzt gleichsam zwanghaft jede »anthropologische« Interpretation seiner frühen Schriften zurückweist (vor allem in seinem *Brief an Jean Wahl* von 1937), entwickelt er eine neue Euphemistik. Sich unter das Banner eines geistigen Führers stellend: Hölderlin – gleichsam der germanische Gegenpol zu Baudelaire, Inbegriff städtischer und französischer Korruption –, dem die Bürde übertragen wird, den Weg aus dem allgemeinen Verderben zu weisen[3], spricht er noch einmal das Verdammungsurteil über den Alltagsverstand, das »gemeine« Verstehen aus; erinnert er an die Unmöglichkeit für das in »Negativität« und »Endlichkeit« versunkene Dasein, dem Aufgehen in der Welt, der »Seinsvergessenheit«, der »Heimatlosigkeit«, dem »Verderben« und »Absturz« zu entrinnen; wiederholt er, nunmehr mit ebenso durchsichtigeren wie mystischeren Begriffen, seine Denunziation technischen und wissenschaftlichen Denkens; verkündet er, erneut die in den Gymnasien gelehrte Ideologie des *Vates* in pompöse Worte kleidend, den Kult der Kunst und der Philosophie als Kunst; preist er schließlich die mystische Hingabe an das Heilige, das Geheimnis, die aus dem Denken eine Gabe macht, ein Zurückgeben des Selbst an das Sein, eine Öffnung, Erwartung, ein Opfer – dies alles mittels der Assimilation von *Denken* und *Danken* und tausend anderer, ebenso mühseliger wie risikoloser verbaler Spielereien, risikolos dank jener Sicherheit, die die nahezu universelle Anerkennung verleiht.

Heidegger hat zeitlebens versucht, sich in Stil und Denkobjekten dem von Stefan George repräsentierten Pol anzunähern – oder zumindest der Vorstellung, die er sich, ausgehend von dem, was er war und woher er kam, erschuf –, gleichsam als würde er mit der Anerkennung, die ihm gewährt wurde, sich selbst ermächtigen, die Rolle des prophetischen »Waldgängers«, »Rebellen«, der den Dingen und Texten gleicherweise nahe steht, fallenzulassen zugunsten der des Magiers der *Begriffsdichtung*. Dem Prozeß, der, bruchlos und ohne verleugnet zu werden, von Heidegger I zu Heidegger II führt, liegt zugrunde das Werk der *Selbstbehauptung* und *Selbstinterpretation*[4], das der Philosoph in der Beziehung zur objektiven Wahrheit seines Œuvres, die das Feld ihm zurückstrahlt, vollzieht.[5] Mit vollem Recht kann Heidegger dem Reverend Richardson schreiben, daß er nichts von seinen früheren Positionen preisgegeben, verworfen habe: »Das Denken der Kehre *ist* eine Wendung in meinem Denken. Aber diese Wendung erfolgt nicht aufgrund einer Änderung des Standpunkts oder gar der Preisgabe der Fragestellung in ›Sein und Zeit‹.«[6] In der Tat, nichts wird verleugnet, alles wird wieder-verleugnet.[7]

Die Selbstinterpretation, das heißt die Antwort des Autors auf die Interpretation und Interpreten, die in einem objektivieren und legitimieren, indem sie dem Autor sagen, was er ist, und ihn derart ermächtigen, zu sein, was sie sagen, führt Heidegger II dazu, die stilistischen und heuristischen *praktischen Schemata* von Heidegger I in eine Methode zu verwandeln und als explizite Theorie zu entfalten.[8] So macht die späte Sprachtheorie nichts anderes, als die Strategien und Techniken, die von Beginn an auf praktischer Ebene am Werk waren, in eine philosophische *Entscheidung* umzuwandeln: Der berühmte und gefeierte Autor nimmt seine Wahrheit auf sich und setzt sie absolut, indem er sie zu jener philosophischen Entscheidung umstilisiert. Wenn die Sprache den Philosophen beherrscht statt dieser die Sprache, wenn die Worte mit dem Philosophen spielen statt dieser mit ihnen, dann deshalb, weil die Wortspiele nichts anderes sind als die Sprache des Seins selbst, mit anderen Worten: Ontologie. Der Philosoph ist der Stellvertreter des Heiligen, dessen Beschwörungen nur die Parusie vorbereiten.

An dieser Stelle müßten die zahllosen Texte zitiert werden, in denen sich diese Thematik äußert, vornehmlich all die Schriften über Hölderlin, an denen sich sehr gut die politische Bedeutung der Theorie des Dichters als *Fürsprecher* ablesen läßt, jenes, der für das Sein, d. h. zu seinen Gunsten und an seiner Stelle spricht und der, durch die Rückkehr zur *Ursprache*, das *Volk* versammelt und mobilisiert, dessen Stimme deutet (vgl. M. Heidegger, *Erläuterungen zu Hölderlin*). Zu lesen wären auch *Hebel der Hausfreund* und die Analyse, die Minder dem Text widmet: *Martin Heidegger et le conservatisme agraire*, in: *Allemagne d'aujourdhui*, Nr. 6, Jan./Febr. 1967, S. 34 ff. (vgl. R. Minder, *Dichter in der Gesellschaft*, Frankfurt am Main 1972, S. 234 ff.). Derartige Strategien der Aufarbeitung der objektiven Wahrheit sind keineswegs unvereinbar mit dem Dementi: »Der dortige Hinweis auf das ›In-Sein‹ als ›Wohnen‹ ist *keine etymologische Spielerei*. Der Hinweis in dem Vortrag von 1936 auf Hölderlins Wort ›Voll Verdienst, doch dichterisch wohnet / der Mensch auf dieser Erde‹ *ist keine Ausschmückung eines Denkens*, das sich aus der Wissenschaft in die Poesie rettet. Die Rede vom Haus des Seins *ist keine Übertragung* des Bildes vom ›Haus‹ auf das Sein, sondern aus dem sachgemäß gedachten Wesen des Seins werden wir eines Tages eher denken können, was ›Haus‹ und ›wohnen‹ sind«. (*Brief über den »Humanismus«*, *l. c.*, S. 43 [358]; von P. B. hervorgehoben)

Diese selbstinterpretative Arbeit vollendet sich in den und durch die fortwährenden Korrekturen, Klarstellungen, Dementis, mit denen der Autor sein öffentliches Image gegen die vor allem politischen Infragestellungen oder, schlimmer, gegen alle Formen der Zurückführung auf eine gemeinsame Identität verteidigt.

Ein Beispiel dafür, wie weit die Wachsamkeit geht: »Das Schreinerhandwerk wurde als Beispiel gewählt und dabei *wurde vorausgesetzt, daß niemand auf die Meinung verfalle,* durch die Wahl dieses Beispiels solle die Erwartung bekundet sein, der Zustand unseres Planeten lasse sich in absehbarer Zeit oder überhaupt je wieder in eine Dorfidylle verwandeln« (M. Heidegger, *Was heißt Denken*, Tübingen 1954, S. 53 f.; von P. B. hervorgehoben). Wie die Strategien des Warnens werden auch die der Formgebung stärker untermauert: Indem Heidegger II auf die Frühphilosophie den Denkmodus anwendet, den einst Heidegger I gegen die Strukturen der Alltagssprache und die herkömmlichen Formen der Repräsentation der sozialen Welt in Anschlag gebracht hatte, unterzieht er jene nun einer Euphemisierung zweiten Grades, worin die alten Verfahren und Effekte zu Karikaturen geraten: So wird in *Sein und Zeit* (S. 384 f.) das Wort *Geschick* in noch äußerst durchsichtiger Weise mit *Geschehen* und *Geschichte* verknüpft (»Das schicksalhafte Geschick des Daseins in und mit seiner ›Generation‹ macht das volle, eigentliche Geschehen des Daseins aus«), bezeichnet folglich ein »Mitgeschehen«, Erbschaft des ganzen »Volkes«, welche das Dasein in seiner »Eigentlichkeit« auf sich nehmen muß; bei Heidegger II dagegen fügt jenes Wort sich, wie Richardson sehr richtig bemerkt hat, einem ganz anderen verbalen Konnex ein: »Along with the German words for sending (schicken), for history (Geschichte) and for fortune (Schicksal), the word *Geschick* derives from the verb ›to-come-to-pass‹ (geschehen). For Heidegger it designates an event (Ereignis), hence a coming to pass, by which Being ›sends‹ (sich schickt) itself unto man. We call the sending an ›e-mitting‹. Considered as proceeding from Being, the sending is a ›mittence‹. Considered as coming-to-pass in man, it is a ›committing‹, or ›commitment‹ (Schicksal). Henceforth, the latter replaces the SZ translation as ›fortune‹. The collectivity of mittences constitutes Being-as-history (Ge-schick-e, Geschichte), and we translate as ›inter-mittence‹. All this becomes clearer in the meditation on Hölderlin's ›Re-collection‹« (W. J. Richardson, *l. c.*, S. 435, Anm. 1.).

Diese leidenschaftliche, pathetische Wachsamkeit, die in einem gleichsam prophetischen Streben nach Unterscheidung jene professorale Meisterschaft in der Festlegung von Bezügen und Klassifikationen beseelt, bildet sicherlich das reale Prinzip der Entwicklung, die, von Dementi zu Dementi, von Verneinung zu Wieder-Verneinung, von der Distanzierung (gegenüber Husserl, Jaspers, Sartre usw.) zur Überwindung aller Bestimmungen und aller kollektiven wie selbst noch singulären Benennungen, Heideggers Denken fortschreitend in eine negative politische Ontologie verwandelt.[9]

Jene, die sich nach dem Nazismus Heideggers fragen, billigen dem philosophischen Diskurs stets zu viel oder stets zu wenig Autonomie zu: Heidegger war eingetragenes Mitglied der NSDAP, das ist eine Tatsache; aber weder Heidegger I noch Heidegger II waren Nazi-Ideologen im Sinne jenes Rektors Krieck, dessen Polemiken Heidegger dazu bringen konnten, gegenüber dem Nihilismus auf Distanz zu gehen. Was indessen nicht heißt, daß Heideggers Denken nicht war, was es war: ein strukturelles Äquivalent auf »philosophischer« Ebene der »konservativen Revolution«, deren andere Möglichkeit der Nazismus verkörpert, der, gemäß anderen Gesetzmäßigkeiten geschaffen, folglich für alle die wirklich unannehmbar war und ist, die ihn ausschließlich in der sublimierten Form, welche ihm die philosophische Alchimie verleiht, an- und wiedererkennen konnten und können. Und so verfehlt auch Carnap sein Ziel, wenn er sich bei seiner Kritik am vagen und leeren Charakter des Heideggerschen Diskurses, der nichts anderes sein soll als ein und zudem talentloser Ausdruck des »Lebensgefühls«, versteift.[10] Tatsächlich vermag weder die rein logische noch die rein politische Analyse diesem doppelten Diskurs gerecht zu werden, dessen Wahrheit in der Beziehung zwischen dem erklärten und offiziellen System, das durch die Formspielereien in den Vordergrund gerückt wird, und dem verdrängten System beruht, das zudem mittels der ihm eigenen Kohärenz das gesamte Symbolgebäude stützt. Den privilegierten Bezug zum eigentlichen, das heißt eigentlichen philosophischen Sinn aufzuzwingen, dabei diesem hervorgehobenen, akzentuierten Sinn die Macht zu verleihen, die von ihrerseits vagen und mehrdeutigen Worten transportierten Bedeutungen, nicht zuletzt die im alltäglichen Gebrauch virulenten emotionalen Konnotationen und Werturteile, zu verdunkeln –: das heißt einen Modus der Lektüre als den allein legitimen aufzuzwingen. Sichtbar wird hier, daß der Eintritt ins Reich der Philosophie, in die genuin philosophische *illusio*, mehr erfordert als die Übernahme einer Sprache, nämlich die Übernahme einer geistigen Haltung, die von gleichen Worten aus andere Bedeutungen auferstehen läßt: Mag der philosophische Diskurs auch in alle Hände kommen, wirklich »lesen« werden ihn nur diejenigen können, die nicht allein über den passenden Code verfügen, sondern darüber hinaus über den Lektüre-Modus, der den eigentlichen Sinn der Sätze dadurch zum Schwingen bringt, daß er sie dem richtigen Register einfügt, das heißt dem geistigen Raum, der all jenen gemeinsam ist, die im sozialen Raum der Philosophie authentisch engagiert sind.

Einen legitimen Modus der Lektüre durchzusetzen, einen eigentlichen Sinn, bedeutet, sich in die Lage zu versetzen, *dem Rezipienten*, dem mangelhaft informierten oder böswilligen Leser, den uneigentlichen oder unreinen, das heißt zensierten, tabuisierten, verdrängten Sinn *anzulasten*, bedeutet folglich, sich vorweg zu ermächtigen, die *angedeuteten*, unterschwelligen Konnotationen unausgesprochen auszusprechen, sie und alles, was lediglich in bezug auf einen – allemal nicht richtigen – Kontext verstanden werden kann, zurückzuweisen. Muß aber deshalb wirklich von Doppelspiel, von rhetorischer Strategie gesprochen werden? Die Analyse, die die verdrängten Bedeutungen objektiviert, fördert von sich aus tendenziell eine finalistische Vorstellung schöpferischen Tuns. Tatsächlich bemerkt jeder, der sich bemüht, zu verstehen und nicht Schuld ab- oder zuzuweisen, daß der Denker eher Objekt denn Subjekt seiner grundlegenden rhetorischen Strategien ist, das heißt jener, die in Gang kommen, sobald er, geleitet von den praktischen Schemata seines Habitus, gewissermaßen wie ein Medium von der Notwendigkeit sozialer (und untrennbar damit mentaler) Räume, die über ihn in Verbindung treten, durchquert wird. Vielleicht weil Heidegger nie wirklich wußte, was er sagte, konnte er sagen, was er sagte, und ohne daß er es sich selbst wahrhaft hätte sagen müssen. Vielleicht war dies auch der Grund, warum er sich bis zum Ende weigerte, sich über sein Nazi-Engagement zu erklären. Dies wirklich zu tun, hätte nämlich bedeutet, (sich) einzugestehen, daß das »wesentliche Denken« nie das Wesentliche gedacht hat: das gesellschaftliche Ungedachte, das sich vermittels seiner zum Ausdruck brachte, wie das vulgär »anthropologische« Fundament der extremen Blindheit, die allein von der Illusion der Allmacht des Denkens provoziert werden kann.

Anmerkungen

Einleitung

1 Zitiert in A. Hamilton, *L'Illusion fasciste, Les intellectuels et le fascisme, 1919-1945*, Paris 1973, S. 166.
2 F. Fédier, »Trois attaques contre Heidegger«, in: *Critique*, 1966, Nr. 234, S. 883-904; »A propos de Heidegger« (R. Minder, J.-P. Faye, A. Patri), in: *Critique*, 1967, Nr. 237, S. 289-297; F. Fédier, »A propos de Heidegger«, in: *Critique*, 1967, Nr. 242, S. 672-686; »A propos de Heidegger« (F. Bondy, F. Fédier), in: *Critique*, 1968, Nr. 251, S. 433-437. (Zusatz 1987: Dies gilt selbst noch für das Buch von Victor Farias, *Heidegger und der Nationalsozialismus*, Frankfurt/M. 1988, das zwar einige neue Fakten liefert, aber vor der Tür des Werkes stehenbleibt oder allenfalls mit Brachialgewalt darin eindringt – und so einmal mehr den Verteidigern der internen Analyse Wasser auf ihre Mühlen gießt: was Wunder, wenn die Debatte, die es ausgelöst hat, jene von vor zwanzig Jahren wiederholt.)
3 Das Seminar, das Heidegger im Wintersemester 1939/40 über den »Arbeiter« von Jünger hält, wird nicht einmal erwähnt; und dies, obwohl die Bibliographie von Richardson (W. J. Richardson, *Heidegger, Through Phenomenology to Thought*, Den Haag 1963, S. 663-671) durch Heidegger eigenhändig nachgesehen und erläutert worden ist (dieser scheint überhaupt immer systematisch biographische Informationen zurückgehalten zu haben, im Verfolg jener Strategie der *Wesentlichkeit*, die darin besteht, das Denken zur Wahrheit und zum Fundament des Lebens umzustilisieren).
4 P. Gay, *Die Republik der Außenseiter, Geist und Kultur der Weimarer Zeit 1918-1933*, Frankfurt am Main 1987, S. 116.
5 Es handelt sich zentral um den Aufruf »Deutsche Studenten« vom 3. November 1933, den Aufruf »Deutsche Männer und Frauen!« vom 10. November 1933, um »Der Ruf zum Arbeitsdienst« vom 23. Januar 1934 und dann vor allem um die Rektoratsrede »Die Selbstbehauptung der deutschen Universität« vom 27. Mai 1933 (vgl. G. Schneeberger, *Nachlese zu Heidegger*, Bern 1962).
6 W. J. Richardson, *l. c.*, S. 255-258.
7 K. Löwith, »Les implications politiques de la philosophie de l'existence chez Heidegger«, in: *Les Temps Modernes*, 2. Jahrgang, 1946, S. 343-360 (hier zitiert nach K. Löwith, *Mein Leben in Deutschland vor und nach 1933. Ein Bericht*, Stuttgart 1986, S. 33).
8 Das Werk Heideggers stellt der Sozialgeschichte *auf seiner Ebene*

ein vollkommen analoges Problem wie der Nazismus: Als Abschluß und Vollendung der gesamten relativ-autonomen Geschichte der deutschen Philosophie stellt es die Frage nach den Eigentümlichkeiten der Entwicklung der deutschen Universität und Intelligenz, wie der Nazismus die Frage nach den »Eigentümlichkeiten der geschichtlichen Entwicklung Deutschlands« stellt, zwei Fragen, die ganz gewiß nicht voneinander unabhängig sind (vgl. G. Lukács, »Über einige Eigentümlichkeiten der geschichtlichen Entwicklung Deutschlands«, in: *Die Zerstörung der Vernunft*, Darmstadt u. Neuwied 1962).

9 Diesen Materialisten ohne Materie noch Material möchte man die Wahrheiten ins Gedächtnis zurückrufen, die sie freilich auch selbst hätten aufdecken können, wären sie, wenigstens nur einmal, daran gegangen, eine wissenschaftliche Analyse durchzuführen, statt allenthalben schulmeisterliche Vorschriften und Beurteilungen auszuteilen (vgl. N. Poulantzas, *Politische Macht und gesellschaftliche Klassen*, Frankfurt 1974); da sie ja wohl besser *in dieser Form* verstehen, möchten wir sie auf die Engelssche Einleitung zu *Die Klassenkämpfe in Frankreich 1848-1850* von Karl Marx verweisen, wo Engels an die praktischen Hindernisse erinnert, auf welche »die materialistische Methode« in ihrem Bemühen stößt, »auf die *letzten* ökonomischen Ursachen zurückzugehen« (vgl. *Marx/Engels Werke*, Bd. 7, Berlin 1969, S. 511).

Kapitel I

1 M. Heidegger, »Was heißt Denken?«, in: *Vorträge und Aufsätze*, Pfullingen ⁵1985, S. 134.
2 Über die Enttäuschung der Intellektuellen über Verlauf und Folgen der Revolution, vgl. P. Gay, *l. c.*, S. 27.
3 Vgl. G. L. Mosse, *Ein Volk, ein Reich, ein Führer. Die völkischen Ursprünge des Nationalsozialismus*, Königstein/Ts. 1979, S. 163-184; E. Weymar, *Das Selbstverständnis der Deutschen*, Stuttgart 1961; R. Minder, »»Le Lesebuch«, reflet de la conscience collective«, *Allemagne d'aujourd'hui*, Mai-Juni 1967, S. 39-47.
4 Der Argumentationsverlauf des Films ist folgender: Im Jahre 2000 rebelliert Freder, Sohn des Gebieters über Metropolis, Joh. Fredersen, gegen die Oberschicht, die über die Stadt herrscht und die Arbeiter zu einem unmenschlichen Dasein verdammt hat: sie leben unter der Erde, oberhalb der Säle, in denen die Maschinen stehen. Der Aufstand wird von Maria, einer Arbeiterin, in Zaum gehalten. Sie er-

mutigt ihre Gefährten, auf die Ankunft eines *Fürsprechers* zu warten, der die Stadt vereinigen wird. Freder ist dieser Fürsprecher: der Erlöser. Sein Vater aber stellt sich der »Mission« entgegen. Durch den Gelehrten Rotwang läßt er einen Maschinenmenschen konstruieren, einen Doppelgänger Marias, der den Arbeitern die Revolte predigt. Als der Plan gelingt, zerstören die Massen die Maschinen, setzen dabei aber ihre eigenen Wohnstätten unter Wasser. Die Arbeiter, überzeugt, daß ihre Kinder in den Fluten ertrunken sind, bemächtigen sich des Maschinenmenschen und verbrennen ihn. Währenddessen aber haben Maria und Freder die Kinder gerettet. Rotwang verfolgt Maria bis auf das Dach des Doms. Freder folgt ihm. Beim Handgemenge verliert Rotwang das Gleichgewicht und stürzt in die Tiefe, tot. Joh. Fredersen, der sehen muß, welcher Gefahr sich sein Sohn aussetzt, wird von Reue gepackt und schlägt in die ihm dargereichte Hand des Repräsentanten der Arbeiter willig ein.

5 E. Jünger, *Der Arbeiter: Herrschaft und Gestalt*, Stuttgart 1982.
6 Heidegger nennt unter den nachhaltigsten Erfahrungen seiner Studentenzeit die Lektüre der Werke Dostojewskis (wie auch die von Nietzsche, Kierkegaard und Dilthey); vgl. O. Pöggeler, *Der Denkweg Martin Heideggers*, Pfullingen 1963, S. 26.
7 O. Spengler, *Der Mensch und die Technik, Beitrag zu einer Philosophie des Lebens*, München 1931, S. 81 f. (von P. B. hervorgehoben).
8 Vgl. E. Troeltsch, »Die Revolution in der Wissenschaft«, in: *Gesammelte Schriften*, Bd. 4, Tübingen 1925, Nachdruck Aalen 1966, S. 653-677; sowie ders., »Die geistige Revolution«, in: *Kunstwart und Kulturwart*, 34 (1919), S. 331 ff. (zitiert bei F. K. Ringer, *Die Gelehrten. Der Niedergang der deutschen Mandarine 1890-1933*, Stuttgart 1983, S. 310 f.). (Zusatz 1987: Dieser Abschnitt sei speziell jenen ans Herz gelegt, die aufgrund ihrer historischen Ignoranz mit höchstem Staunen die Wiederholungen *up to date* jener traurigen Topiken entdecken, die im intellektuellen Universum immer präsent sind, aber nur hin und wieder an die Spitze der zyklischen Mode-Welle getragen werden.)
9 G. L. Mosse, *l. c.*, S. 163 f.
10 Die Studentenzahl im höheren Ausbildungssektor stieg von 72 064 im Jahre 1913-14 auf 117 811 im Jahre 1931-32, das ergibt einen Zuwachs von 100 auf 164%. »Während der Inflation hatte das relative Sinken der Schulkosten einen Studentenandrang zur Folge« (vgl. G. Castellan, *L'Allemagne de Weimar, 1918-1933*, Paris 1969, S. 251).
11 Vgl. das Zeugnis Franz Neumanns, zitiert bei P. Gay, *l. c.*, S. 69.

12 Über die »modernistische« Kritik und ihre Repräsentanten innerhalb der Universität vor 1918 (Kerschensteiner, Virchow, Ziegler, Lehmann und danach vor allem Leopold von Wiese, Paul Natorp, Alfred Vierkandt, Max Scheler) siehe F. Ringer, *l. c.*, S. 243-254.
13 G. L. Mosse, *l. c*, S. 164.
14 Max Weber, »Wissenschaft als Beruf«, in: *Gesammelte Aufsätze zur Wissenschaftslehre*, Tübingen 1968, S. 584.
15 Der universitäre Aufstieg war so schwierig, daß Studenten und Assistenten aus Jux sagten: »noch einige Semester, und wir sind Arbeitslose«. Was die Professoren betrifft, so hatte sich deren materielle Lage durch die Inflation spürbar verschlechtert, wie es die Klagen eines Professors belegen, der sich in einem Vorwort darüber ausläßt, daß ein einfacher Soldat der Besatzungsmacht ein zwei- bis dreifach höheres Gehalt beziehe als die größten Gelehrten Deutschlands, die ersten der Welt (natürlich); vgl. E. Bethe, *Homer*, Leipzig und Bonn 1922, 2 Bde., S. III.
16 A. Fischer, zitiert bei F. Ringer, *l. c.*, S. 365 ff. Der Inhalt der von Fischer vorgeschlagenen Reformen spricht für sich: Im Primat der »Synthese« und der Intuition (gegenüber »bewußter Analyse«), der »Formung des Charakters« und der »emotionalen Bildungsarbeit« bekundet sich der Wille zur Durchsetzung eines neuen Typs »geistiger Qualitäten« und einer neuen Bestimmung der »Kompetenz« des Intellektuellen.
17 K. A. von Müller, *Deutsche Geschichte und deutscher Charakter*, Stuttgart 1926, S. 26, zitiert bei F. Ringer, *l. c.*, S. 203.
18 H. Güntert, *Deutscher Geist: Drei Vorträge*, Bühl-Baden 1932, S. 14; zitiert bei F. Ringer, *l. c.*, S. 226. Man müßte, die Hinweise von Ringer (z. B. die von ihm zitierten Äußerungen S. 196) weiterführend, die Gemeinplätze des universitären Aristokratismus einmal systematisch erfassen und auswerten, die vor allem in den Festreden blühten, diesen Anlässen zum Austausch gemeinsamer Abneigungen und zur kollektiven Beschwörung allseits geteilter Ängste.
19 Der brutale Einbruch sozialer Phantasmen ist um so seltener, je stärker der Diskurs der Zensur unterliegt. Er ist äußerst ungewöhnlich bei Heidegger etwa.
20 H. P. Schwarz, *Der konservative Anarchist: Politik und Zeitkritik Ernst Jüngers*, Freiburg 1962.
21 S. Rosen, *Nihilism: A philosophical Essay*, New Haven und London 1969, S. 114.
22 E. Jünger, »Der Waldgang«, in: *Werke*, Band 5, Stuttgart o. J.
23 *L. C.*, S. 317, 326.
24 »Wir wollen unterstellen, daß wir die Hemisphäre, auf der sich das

Notwendige vollzieht, in ihren Umrissen erforscht hätten. Hier zeichnet sich das *Technische*, das *Typische*, das *Kollektive* ab, bald grandios, bald fürchterlich. Wir nähern uns nun dem anderen Pole, an dem der Einzelne nicht nur *leidend*, sondern zugleich erkennend und richtend wirkt.« (E. Jünger, »Der Waldgang«, in: *Werke*, Bd. 5, S. 334) »In der Werkstättenlandschaft rücken *Automaten* in den Mittelpunkt. Das kann nur ein Provisorium sein.« (E. Jünger, »Der Weltstaat«, in: *Werke*, Bd. 5, S. 502; von P. B. hervorgehoben) »Wollte man einen Stichtag wählen, so wäre wohl keiner geeigneter als jener, an dem die ›Titanic‹ unterging. Hier stoßen Licht und Schatten grell zusammen: die *Hybris* des *Fortschritts* mit der Panik, der höchste Komfort mit der Zerstörung, der *Automatismus* mit der Katastrophe, die als Verkehrsunfall erscheint.« (»Waldgang«, *l. c.*, S. 31; von P. B. hervorgehoben)

25 ... dort sinkt er [der Weg] in die *Niederungen* der *Sklavenlager* und *Schlachthäuser*, in denen die Primitiven sich mit der Technik mörderisch vereinigen, dort gibt es kein *Schicksal* mehr, sondern nur *Ziffern* mehr. Ob er aber sein *Schicksal* habe oder als *Ziffer* gelte: das ist die Entscheidung, die heute zwar jedem aufgezwungen wird, doch die er *allein* zu fällen hat (...). Im Maße nämlich, in dem die *kollektiven Mächte* Raum gewinnen, wird der *Einzelne* aus den alten, gewachsenen Verbänden herausgesondert und steht für sich allein.« (*l. c.*, S. 323, außer dem ersten »allein« von P. B. hervorgehoben)

26 »Waldgänger aber nennen wir jenen, der, durch den großen Prozeß vereinzelt und heimatlos geworden, sich endlich der *Vernichtung* ausgeliefert sieht, (...) Waldgänger ist also jener, der ein ursprüngliches Verhältnis zur *Freiheit* besitzt, das sich, zeitlich gesehen, darin äußert, daß er dem *Automatismus sich zu widersetzen* ... gedenkt.« (*l. c.*, S. 317; von P. B. hervorgehoben) »In diesem Sinne ist der Anarchist der Urkonservative (...). Vom Konservativen unterscheidet er sich dadurch, daß sein Streben sich an den rein humanen Zustand heftet, nicht aber an eine räumlich oder zeitlich aus ihm entwickelte Schicht.« (»Der Weltstaat«, *l. c.*, S. 534) »Der Anarchist kennt keine Tradition und keine Sonderung. Er will nicht vom Staat und seinen Organen in Anspruch genommen oder in Dienst gestellt werden; (...) er ist weder Soldat noch Arbeiter.« (*l. c.*, S. 534 f.)

27 E. Jünger, »Der Waldgang«, *l. c.*, S. 293.

28 »Selbst wenn man den schlimmsten Fall des *Untergangs* annehmen will, bleibt ein Unterschied wie zwischen Licht und Finsternis. Hier steigt der Weg in *hohe Reiche*, zum Opfertode oder zum Schicksal dessen, *der mit der Waffe fällt.*« (»Der Waldgang«, *l. c.*, S. 323; von P. B. hervorgehoben) »Der Wald ist heimlich. (...) Das

Heimliche ist das *Trauliche*, das *wohlgeborgene Zuhause*, der *Hort* der Sicherheit. Es ist nicht minder das Verborgen-Heimliche und rückt in diesem Sinne an das Unheimliche heran. Wo wir auf solche *Stämme* stoßen, dürfen wir gewiß sein, daß in ihnen der große Gegensatz und die noch größere Gleichung des Lebens und des Todes anklingen, mit deren Lösung sich die *Mysterien* beschäftigen.« (*l. c.*, S. 339 f.; von P. B. hervorgehoben). »Es zählte zu Schwarzenbergs Ideen, daß man von der Oberfläche wieder in die *alte Tiefe* dringen müsse, um *echte Herrschaft* zu befestigen.« (E. Jünger, »Besuch auf Godenholm«, in: *Werke*, Bd. 9, S. 316; von P. B. hervorgehoben)

29 »Immer wird (wenn *Katastrophen* sich ankünden) dann das Handeln auf *Auslesen* übergehen, die die *Gefahr* der *Knechtschaft* vorziehen. Und immer wird den Aktionen *Besinnung* vorausgehen. Sie äußert sich einmal als *Zeitkritik*, das heißt in der Erkenntnis, daß die geltenden Werte nicht genügen, und dann als *Erinnerung*. Diese Erinnerung kann sich auf die *Väter* richten und ihre dem *Ursprung* näheren Ordnungen. Sie wird dann auf konservative *Wiederherstellungen* abzielen. Bei großen Gefahren wird das Rettende tiefer gesucht werden, und zwar bei den *Müttern*, und in dieser Berührung wird *Urkraft* befreit. Ihr können die reinen Zeitmächte nicht standhalten.« (»Der Waldgang«, *l. c.*, S. 326 f.; außer »Gefahr« von P. B. hervorgehoben) »Immer gab es ja ein Bewußtsein, eine Einsicht, die dem historischen Zwange überlegen war.« (E. Jünger, »Besuch auf Godenholm«, in: *Werke*, Bd. 9, S. 318)

30 »Welche Meinung man immer von dieser Welt der *Krankenkassen*, *Versicherungen*, pharmazeutischen Fabriken und Spezialisten haben möge: stärker ist jener, der auf alles verzichten kann.« (E. Jünger, »Der Waldgang«, *l. c.*, S. 358, von P. B. hervorgehoben) »Der Staat (ebnet ein) (...) als *Versicherungs-, Wohlfahrts-* und *Fürsorgestaat*.« (E. Jünger, »Der Weltstaat«, *l. c.*, S. 504; von P. B. hervorgehoben)

31 »All diese Enteignungen, Abwertungen, Gleichschaltungen, Liquidationen, Rationalisierungen, Sozialisierungen, Elektrifizierungen, Flurbereinigungen, Aufteilungen und Pulverisierungen setzen weder *Bildung* noch *Charakter* voraus, die beide den *Automatismus* eher schädigen.« (»Der Waldgang«, *l. c.*, S. 311; von P. B. hervorgehoben) »Die Menschen sind im *Kollektiven* und Konstruktiven auf eine Weise eingebettet, die sie sehr schutzlos macht.« (*l. c.*, S. 329; von P. B. hervorgehoben)

32 »In diesem Stande soll der Mensch als *zoologisches Wesen* behandelt werden (...). Das führt in die Bereiche zunächst des puren Nutzens, sodann der *Bestialität*.« (*l. c.*, S. 346; von P. B. hervorgehoben)

33 E. Jünger, »Der Waldgänger«, *l. c.*, S. 354.
34 »Übrigens empfand ich bei der Begegnung [mit einem alten Franzosen] die Würde, die ein *langes* und arbeitsam verbrachtes Leben dem Menschen gibt.« (E. Jünger, »Gärten und Straßen«, in: *Werke*, Bd. 2, S. 161) In der französischen Übersetzung sowie in den frühen Fassungen (vgl. 2. Aufl., Berlin 1942, S. 146 f.) heißt es weiter: »Und immer bleibt die Bescheidenheit erstaunlich, die man bei diesen Leuten sieht. Darin liegt ihre Auszeichnung.« (A. d. Ü.)
35 »*Wiederkehrende* ist bringende und wiederbringende Zeit. (...) *Fortschreitende* Zeit dagegen wird nicht nach Zyklen und Rundgängen, sondern an Maßstäben gemessen; sie ist gleichmäßige Zeit. (...) Bei der Wiederkehr ist der Anfang das Wichtige, beim Fortschritt das Ziel. Wir sehen das an der Lehre von den Paradiesen, die von den einen am Anfang vermutet werden, von den anderen am Ziel« (E. Jünger, »Das Sanduhrbuch«, in: *Werke*, Bd. 8, S. 139; von P. B. hervorgehoben)
36 In aller Klarheit offenbart Jünger, was die Heideggerschen Wortspiele mit *eigen*, *Eigenschaft* und *Eigentümlichkeit*, d. h. nichts anderes als das Wortspiel des Bourgeois mit Eigentum und Eigenschaft (vgl. Marx/Engels, »Deutsche Ideologie«, in: *Werke*, Bd. 3, S. 210 ff.), noch so meisterlich verbergen: »In diesem Sinne ist das Eigentum existentiell, am Träger haftend und unablösbar verknüpft mit seinem Sein« (»Der Waldgang«, *l. c.*, S. 378), oder auch: »Die Menschen sind Brüder, aber sie sind nicht gleich.« (*l. c.*, S. 380) Einem gegenüber Heidegger schwächeren Euphemisierungsgrad entsprechen denn auch grobschlächtigere Dementis: »Damit ist ferner gesagt, daß sich hinter dem Worte [Waldgang] keine antiöstliche Absicht verbirgt.« (*l. c.*, S. 331) »Die Absicht richtet sich überhaupt nicht auf die politisch-technischen Vordergründe und ihre Gruppierungen.« (*l. c., S. 332*)
37 Norbert Elias hat das *Netz der kultivierten Assoziationen* analysiert, die mit diesen zwei Begriffen verbunden sind. Es organisiert sich um den Gegensatz zwischen raffinierten sozialen Formen, ausgefeilten Lebensstilen und mondänem Wissen einerseits, »reiner Geistigkeit« und kultivierter (gebildeter) Weisheit andererseits (vgl. Norbert Elias, *Über den Prozeß der Zivilisation*, Frankfurt/M. 1976, Bd. 1, S. 1-64).
38 A. Mohler unterscheidet mindestens 100 Tendenzen, vom »deutschen Leninismus« bis zum »heidnischen Imperialismus«, vom »volkstümlichen Sozialismus« bis zum »neuen Realismus« – und findet doch in den diversesten Bewegungen immer wieder die zwangsläufigen Bestandteile einer ihnen gemeinsamen *mood* (vgl.

A. Mohler, *Die konservative Revolution in Deutschland 1918-1932. Grundriß ihrer Weltanschauungen*, Stuttgart 1950).

39 Das Interesse für Hölderlin zumal in der Jugendbewegung erklärt sich sicher aus dessen Kult der Ganzheit in einer zertrümmerten Welt und durch die Verbindung, die er zwischen dem zerrissenen Deutschland und dem seiner Gesellschaft entfremdeten Menschen herzustellen erlaubte (vgl. P. Gay, *l. c.*, S. 85 f.).

40 M. Schapiro, »Nature of abstract art«, in: *Marxist Quarterly*, I, Januar-März 1937, S. 77-98.

41 F. Stern, *Kulturpessimismus als politische Gefahr: Eine Analyse nationaler Ideologie in Deutschland*, München 1986, S. 7.

42 Vgl. I. Deak, *Weimar's Germany Left-Wing Intellectuals. A Political History of the Weltbühne and its Circle*, Berkeley-Los Angeles 1968; F. Stern, *l. c.* Einen wichtigen Faktor für diese ideologische Konstruktion bildet die bedeutsame Rolle der Juden im intellektuellen Leben Deutschlands: Sie besitzen die größten Verlage, literarische Zeitschriften, Kunstgalerien, haben in Film und Theater sowie im Literaturfeuilleton wichtige Stellungen inne (vgl. F. Stern, *l. c.*, S. 20).

43 Vgl. Max Weber, »Wissenschaft als Beruf«, in: *Gesammelte Aufsätze zur Wissenschaftslehre*, Tübingen 1968, S. 591.

44 E. Jünger, *Der Arbeiter*, *l. c.*, S. 309.

45 Vgl. F. Ringer, *l. c.*, S. 349 f.

46 Der Spiel-Sinn ist gleichermaßen ein »theoretischer« Sinn, der die Orientierung im Raum der Begriffe, und ein sozialer Sinn, der die Orientierung im sozialen Raum der Akteure und Institutionen erlaubt – innerhalb dessen die jeweilige Laufbahn definiert wird. Die Begriffe und Theorien haben stets Akteure oder Institutionen – Lehrer, Schulen, Disziplinen – zu ihren Trägern und sind von daher immer in soziale Verhältnisse eingebunden. Daraus folgt, daß konzeptuelle Revolutionen stets auch Revolutionen der Struktur des Feldes sind und die Schranken zwischen den Disziplinen oder Schulen zu den hauptsächlichen Hindernissen für die Hybridisierung gehören, die nicht selten eine Voraussetzung wissenschaftlichen Fortschritts darstellt.

47 Der Ausdruck wurde 1927 von Hugo von Hofmannsthal geprägt zur Bezeichnung jener losen Gruppe von Deutschen, die sich selbst »Neukonservative«, »Jungkonservative«, »deutsche Sozialisten«, »konservative Sozialisten«, »Nationalrevolutionäre« und »Nationalbolschewisten« nannten. Gemeinhin werden Spengler, Jünger, Otto Strasser, Niekisch, Edgar J. Jung und andere dazu gezählt.

48 Als Ausdruck eines nicht-aristokratischen Elitismus, der die von der Rettung ihres Status besessenen Kleinbürger, deren größte Sorge es

war, sich nicht zuletzt in *kulturellen* Fragen von den Arbeitern abzusetzen, nicht ausschloß, vermochte der *völkische* Diskurs sich auch auf die *Angestellten* auszudehnen und in deren wichtigste Gewerkschaft, den Deutschnationalen Handlungsgehilfen-Verband (DHV), einzudringen: in den von ihm erworbenen Verlagshäusern erfuhren die *völkisch gesinnten* Autoren tatkräftige Unterstützung; all das war angetan, ebenso die »Romantisierung des eigenen Selbstverständnisses der Angestellten« zu fördern wie deren Sehnsucht nach Bedingungen der Vergangenheit als »Kunsthandwerker« (vgl. G. L. Mosse, *l.c.*, S. 272 ff. Zitat S. 274).

49 F. Ringer, *l.c.*, S. 204.
50 Vgl. H. G. Gadamer, »Rezension von ›Pierre Bourdieu, Die politische Ontologie Martin Heideggers‹, Frankfurt/M. 1975«, in: *Philosophische Rundschau*, 26. Jg., 1979, Heft 1/2, S. 143-149.
51 Es ist bezeichnend, daß es der Polemik um den Nazismus bedurfte, damit einer dieser Spezialisten – und selbstredend in apologetischer Absicht – dieses Buch, das so viel Wahrheit über Heidegger enthält, überhaupt einmal las (vgl. J.-M. Palmier, *Les écrits politiques de Heidegger*, Paris 1968, S. 165-293).
52 O. Spengler, *Der Mensch und die Technik*, *l.c.*, S. 2 f.
53 Der erklärte Rassismus (ein diesen Denkern gemeinsames Merkmal) verleitet Sombart zu der These, am Ursprung des Marxismus stehe der »jüdische Geist«: eine derartige Verknüpfung des kritischen Denkens mit dem Marxismus – bei Hans Naumann wird es heißen: »Die Soziologie ist eine jüdische Wissenschaft« – liegt allen nazistischen Verwendungen des Nihilismus-Begriffs zugrunde.
54 Vgl. H. Lebovics, *Social Conservatism and the Middle Classes in Germany, 1914-1933*, Princeton 1969, S. 49-78. Diese summarische Darstellung des Sombartschen Werkes darf nicht vergessen machen, daß es wichtige, hier außer acht gelassene Eigenschaften seiner Zugehörigkeit zum wirtschaftswissenschaftlichen Feld verdankt. Gleiches gilt auch für das Denken von Othmar Spann (*l.c.*, S. 109-138): Den Primat der *Ganzheit* zur Grundlage erhebend – was die Verdammung des Individualismus und Egalitarismus impliziert sowie aller verfemten Wortführer der stigmatisierten Strömungen, also Locke, Hume, Voltaire, Rousseau, Ricardo, Marx, Darwin, Freud ... –, unterbreitet er eine ultra-konservative politische Ontologie, die den verschiedenen Klassen von Menschen entsprechende Wissensklassen gegenüberstellt, wobei die Vielzahl der Wissensformen (unter dem Deckmantel Platons) einer Soziologie des Staates entspringt.
55 J. Habermas zitiert eine ganze Reihe rassistischer Äußerungen Ernst

Jüngers (vgl. J. Habermas, »Der deutsche Idealismus der jüdischen Philosophen«, in: *Philosophisch-politische Profile*, Erw. Ausgabe, Frankfurt am Main 1981, S. 39 ff.)
56 E. Jünger, *Der Arbeiter, l. c.*, S. 69 f.
57 Vergegenwärtigen wir uns die Schlußszene aus *Metropolis*, in der der Sohn des Unternehmers, ein idealistischer Rebell, ganz in Weiß gekleidet, die Hand des Werkmeisters zu der des Unternehmers führt, während Maria (das Herz) murmelt: Zwischen Hand und Kopf kann es kein Verstehen geben, wenn das Herz nicht vermittelt« (vgl. Fritz Lang, *Metropolis*, Classic film scripts, London 1973, S. 130).
58 E. Jünger, *l. c.*, S. 181.
59 Vgl. H. Lebovics, *l. c.*, S. 84.
60 »... der erste Eindruck, den sie [die Eindeutigkeit eines Typus] hervorruft, ist der einer gewissen Leere und Gleichförmigkeit. Es ist dies dieselbe Gleichförmigkeit, die die individuelle Unterscheidung innerhalb des Bestandes fremder tierischer oder menschlicher Rassen sehr schwierig macht. Was zunächst rein physiognomisch auffällt, das ist die maskenhafte Starrheit des Gesichtes, die ebensowohl erworben ist, wie sie durch äußere Mittel, etwa Bartlosigkeit, Haartracht und anliegende Kopfbedeckungen, betont und gesteigert wird.« (E. Jünger, »Der Arbeiter«, *l. c.*, S. 121 f.)
61 Wir denken an jene schöne Anekdote, die Ernst Cassirer zitiert: »Ich sprach mit einem deutschen Kaufmann von unserem Gefühl, daß mit der Freiheit etwas Unschätzbares aufgegeben worden sei. Er antwortete: Aber Sie verstehen das ja gar nicht. Vorher mußten wir uns um Wahlen, Parteien und Abstimmungen kümmern. Wir hatten Verpflichtungen. Aber jetzt haben wir nichts von alledem. Jetzt sind wir frei.« (Stephan Raushenbush, *The March of Fascism*, New Haven 1939, S. 40, zitiert in Ernst Cassirer, *Vom Mythus des Staates*, Zürich 1949, S. 405)
62 M. Heidegger, »Zur Seinsfrage«, in: *Wegmarken* (Gesamtausgabe, Bd. 9), Frankfurt am Main 1976, S. 391.
63 M. Heidegger, »Rede vom 30. Oktober 1933«, in: G. Schneeberger, *l. c.*, S. 200 f. (von P. B. hervorgehoben).
64 M. Heidegger, »Die Frage nach der Technik«, in: *Vorträge und Aufsätze*, Pfullingen ⁵1985, S. 36-40.
65 E. Jünger, *Der Arbeiter, l. c.*, S. 60, 83 f.
66 M. F. Burnyeat, »The Sceptic in his place and time«, in: R. Rorty, J. B. Schneewind und Q. Skinner (Hrsg.), *Philosophy in History*, Cambridge 1984, S. 251.
67 J.-M. Palmier, *l. c.*, S. 196.
68 M. Heidegger, »Zur Seinsfrage«, *l. c.*, S. 217, 219 f.

69 M. Heidegger, *Einführung in die Metaphysik*, Tübingen 1953, S. 152.
70 S. Rosen, *l. c.*, S. 114-119. (Zusatz 1987: Es ist bemerkenswert, daß man gerade in einem philosophischen Werk, das am authentischsten ontologisch orientiert ist, auf die listige Weigerung stößt, dem Nazismus abzuschwören, für dessen Bedeutung in Heideggers Existenz Farias mit dem Hinweis auf die fortlaufenden NSDAP-Mitgliedsbeiträge seither einige handgreiflichere Belege geliefert hat.)

Kapitel II

1 Vielfach – angefangen mit der harschen Kritik Nietzsches in den *Unzeitgemäßen Betrachtungen* – ist auf den militanten Apolitismus verwiesen worden, der dem Ethos der deutschen Universitätslehrer zugrunde liegt – wie nicht minder der damit einhergehende Kult der Innerlichkeit und Kunst. Ludwig Curtius sieht in diesem sozialen und mentalen Bruch zwischen Politik und Kultur einen zentralen Grund für die außerordentliche Passivität der allein an ihren akademischen Belangen interessierten deutschen Professorenschaft angesichts des Nazismus (vgl. L. Curtius, *Deutscher und antiker Geist*, Stuttgart 1950, S. 335 ff.).
2 Um sich davon zu überzeugen, muß man sich nur anschauen, wie Heidegger mit Jüngers Begriffen, z. B. *Typus*, umgeht.
3 Vgl. J. Vuillemin, *L'héritage kantien et la révolution copernicienne*, Paris 1954. Jules Vuillemin betrachtet die drei zentralen »Lektüren« der Kantischen Philosophie in ihrer Architektonik und rekonstruiert dann eine Art Idealgeschichte ihrer Aufeinanderfolge, die, angetrieben vom Moment der Negativität – Cohen negiert Fichte und Heidegger Cohen –, zu einer Verlagerung des Schwerpunktes der Kantischen Lehre von der Dialektik zur Analytik und schließlich zur Ästhetik führt.
4 F. Ringer, *l. c.*, S. 97.
5 E. Everth, zitiert bei G. Castellan, *L'Allemagne de Weimar*, 1918-1933, Paris 1969, S. 291 f.
6 Diese Einschätzungen kennzeichnen noch immer die philosophische Doxa und bestimmen die mögliche Rezeption eines Textes wie des vorliegenden nicht nur durch die Philosophen im deutschen Sprachraum. (Zusatz 1987: Nichts bestätigt eindrucksvoller die Fortdauer der strukturierenden Beziehung zwischen Philosophie und Sozialwissenschaften als das überlegte Schweigen der Philosophen – Heideggerianer und andere – innerhalb der durch Farias' Buch provozierten Debatte in Frankreich.)

7 Vgl. H. A. Grunsberg, *Der Einbruch des Judentums in die Philosophie*, Berlin 1937.
8 W. Windelband, *Die Philosophie im deutschen Geistesleben des 19. Jahrhunderts*, Tübingen 1927, S. 83 f.; zitiert bei F. Ringer, *l. c.*, S. 274 f.
9 G. Gurvitch, *Les tendances actuelles de la philosophie allemande*, Paris 1930, S. 168.
10 F. Ringer, *l. c.*, S. 196.
11 H. Cohen, *Ethik des reinen Willens*, Berlin 1904, S. 303 f.; zitiert bei H. Dussort, *L'Ecole de Marbourg*, Paris 1963, S. 20 (Henri Dussort notiert, daß dieser Linkskantianismus eine Fortführung erfährt durch den Austromarxisten Max Adler, insbesondere in dessen Werk *Kant und der Marxismus*).
12 F. Ringer, *l. c.*, S. 276 (Anm. S. 416).
13 Nicht zu vergessen daneben die für den Professor und *Grammatiker* typische (und durch Intelligenztests gemessene) Fähigkeit, gleichzeitig mehrere sich *praktisch ausschließende* Bedeutungen eines selben Wortes hervorbringen oder verstehen zu können.
14 G. Schneeberger, *l. c.*, S. 4.
15 Die Dementis hinsichtlich dieses Satzes sind hinlänglich bekannt. Um dennoch besser die Bedeutung und Implikate des Engagements für den Nazismus einschätzen zu können, darf nicht vergessen werden, daß, wie stark auch immer die häufig erwähnte Zweideutigkeit der nationalsozialistischen Ideologie anfänglich gewesen sein mag, unmißverständliche Hinweise auf ihren wahren Kern sich bereits seit längerem innerhalb der Universität gezeigt hatten. Seit 1894 waren die jüdischen Studenten in Österreich und Süddeutschland aus den studentischen »Burschenschaften« ausgeschlossen, waren in Norddeutschland nur die konvertierten jüdischen Studenten zugelassen. Der Ausschluß wurde total, als 1919 alle deutschen Burschenschaften, die im übrigen den *numerus clausus* für die Juden forderten, die »Eisenacher Resolution« unterschrieben. Parallel zu antisemitischen Unruhen unter den Studenten vermehrten sich unter dem Lehrkörper die Schikanen gegenüber Juden und linken Professoren, so etwa 1932 in Breslau und Heidelberg. Auch in diesem - entscheidenden - Punkt marschierten die deutschen Universitäten an der Spitze der Entwicklung zum Nazismus.
16 T. Cassirer, *Aus meinem Leben mit Ernst Cassirer*, New York 1950, S. 165 ff., zitiert bei Schneeberger, *l. c.*, S. 7 ff.
17 Hühnerfeld berichtet, daß Heidegger sich in Marburg einen Anzug schneidern ließ, der, den Bestrebungen des nach-romantischen Malers Otto Ubbelohde entsprechend, auf Volkstracht getrimmt war:

das Ganze, enge Breeches und ein langer Überrock, hieß bei den Studenten der »existentielle Anzug« (vgl. Paul Hühnerfeld, *In Sachen Heidegger*, Hamburg 1959, S. 55).

18 »Als die Studenten 1918 aus dem Feld zurückkehren (...), beginnt schon bald das Geraune in den philosophischen Seminaren der deutschen Hochschulen: Dort in Freiburg gibt es nicht nur den großen schnauzbärtigen und skurrilen Philosophieprofessor Edmund Husserl – es gibt dort auch einen jungen Assistenten, einen äußerlich unscheinbaren Mann, den man, begegnet man ihm auf dem Korridor, eher für den Elektriker halten könnte, der die schadhafte Lichtleitung nachsehen soll, als für einen Philosophen. Dieser Assistent strahlt eine gewaltige Kraft der Persönlichkeit aus.« (P. Hühnerfeld, *l. c.*, S. 28)

19 Um die diskret antisemitische Überdeterminierung vollkommen verstehen zu können, die Heideggers gesamtes Verhältnis zur intellektuellen Welt auszeichnet, müßte die umfassende ideologische Atmosphäre festgehalten werden, von der Heidegger ohne Zweifel *durchtränkt* war. So ist etwa die Verknüpfung der Juden mit der Neuzeit, mit der zersetzenden Kritik ein stehendes Thema vornehmlich in den anti-marxistischen Schriften: H. von Treitschke z. B., Professor an der Universität Berlin und berühmter Propagandist der *völkischen* Ideologie am Ende des 19. Jahrhunderts, klagt die Juden an, das deutsche Bauerntum dadurch zu ruinieren, daß sie die Moderne auf dem Lande einführen (vgl. G. L. Mosse, *l. c.*, S. 213 f.).

20 M. Heidegger, Brief an *Die Zeit* vom 24. September 1953. Diese Dichotomie ist dem konservativen Denken weithin gemeinsam (man findet sie z. B. auch in Zolas *Der Zusammenbruch*).

21 Der Avantgardismus von Wiederentdeckung und Restauration insbesondere auf dem Gebiet der Dichtung, dieser schulischsten aller Schönen Künste, paßt vorzüglich zu diesem Universitätsangehörigen der ersten Generation, der, unzulänglich in die intellektuelle Welt integriert, sich allen ästhetischen Avantgarde-Bewegungen (dem expressionistischen Film oder der expressionistischen Malerei etwa) verweigert und in der Entscheidung für den Archaismus eine avantgardistische Rechtfertigung für seine Ablehnung der Moderne findet.

22 Wie an den Reaktionen Cassirers auf Heidegger sichtbar wird, war es wohl diese Rehabilitierung des Alltäglichen, das die Zeitgenossen am meisten frappierte.

23 F. Stern, *l. c.*

24 W. Laqueur, *Die deutsche Jugendbewegung*, Köln ²1983, S. 203.

25 Georges Stil hat, via Nachahmung, eine ganze Generation geprägt,

vor allem durch Vermittlung der *Jugendbewegung*, die eingenommen war von seinem aristokratischen Idealismus und seiner Verachtung des »trockenen Rationalismus«: »Man imitierte seinen Stil, und bestimmte Zitate waren immer wieder zu hören - Phrasen über den, ›der die Flamme umschritt und der der Flamme Trabant bleibe‹, über den ›neuen Adel‹, über den Führer, der seine Gefolgschaft durch Sturm und grausige Signale ins neue Reich leitet – und so fort.« (W. Laqueur, *l. c.*, S. 151)

26 Heidegger erwähnt ausdrücklich die Tradition – und genauer Platons Abwandlung des Wortes *eidos* – als Rechtfertigung für seinen »technischen« Gebrauch des Begriffs »Gestell«: »Nach der gewöhnlichen Bedeutung meint das Wort ›Gestell‹ ein Gerät, z. B. ein Büchergestell. Gestell heißt auch ein Knochengerippe. Und so schaurig wie dieses scheint die uns jetzt zugemutete Verwendung des Wortes ›Gestell‹ zu sein, ganz zu schweigen von der Willkür, mit der so Worte der gewachsenen Sprache mißhandelt werden. Kann man das Absonderliche noch weiter treiben? Gewiß nicht. Allein, dieses Absonderliche ist alter Brauch des Denkens« (M. Heidegger, »Die Frage nach der Technik«, *l. c.*, S. 23). Auf den gleichen Vorwurf »gesetzlose(r) Willkür« antwortet Heidegger in einem Brief an einen Studenten mit der Ermahnung, »un-ent-wegt, jedoch beirrt, das Handwerk des Denkens (zu lernen)«. (Heidegger, *l. c.*, S. 178 f.)

Kapitel III

1 Wie ich an der von Jacques Derrida vorgeschlagenen »Lektüre« der *Kritik der Urteilskraft* zu zeigen versucht habe, muß die »Dekonstruktion« zwangsläufig solange in »Teilrevolutionen« steckenbleiben, wie sie nicht alle Vorannahmen ins Spiel bringt, deren Anerkennung noch in der Tatsache impliziert ist, für den Autor den Status des »Philosophen« einzuklagen und für seinen Diskurs »philosophische« Dignität (vgl. P. Bourdieu, *Die feinen Unterschiede*, Frankfurt am Main 1987, S. 773 ff.).

2 Die Entscheidung für den zweiten Weg ließ mich damals gegenüber Althusser und Balibar zur vorsätzlich ikonoklastischen Sprache des Comic greifen, um derart den Bruch zwischen wissenschaftlicher Objektivierung einer philosophischen Rhetorik und der »wissenschaftlichen Diskussion« zu markieren (vgl. P. Bourdieu, »La lecture de Marx: Quelques remarques critiques à propos de ›Quelques remarques critiques à propos de Lire le Capital‹«, in: *Actes de la recherche en sciences sociales*, Nr. 5/6, November 1975, S. 65-79).

3 Angesichts des Umfangs der Aufgabe drängt sich vorweg der resignative Gedanke auf, daß mangels umfassender Beherrschung aller für die erforderliche wissenschaftliche Stringenz unabdingbaren Kenntnisse (in Philosophie, Geschichte, Politik usw.) die mögliche Anwendung der Methode gegenüber dieser selbst notwendig zurückbleiben muß.

4 Wie Richardson, dem gewiß nicht Soziologismus vorgeworfen werden kann, bemerkt, waren lediglich »zwei Probleme *philosophisch akzeptierbar:* das kritische Problem der Erkenntnis und das kritische Problem der Werte« (vgl. W. J. Richardson, *l. c.*, S. 27; von P. B. hervorgehoben). Ein wesentlicher Effekt jedes Feldes besteht genau darin, eine *je besondere* – philosophische, wissenschaftliche, künstlerische usw. – *Definition* des Akzeptierbaren und des Nichtakzeptierbaren durchzusetzen.

5 Vgl. J. Vuillemin, *l. c.*, besonders S. 211 und für diese gesamte Analyse den 3. Teil des Buches (S. 210-296), der Heidegger gewidmet ist.

6 Vgl. W. J. Richardson, *l. c.*, S. 99.

7 Bevor wir Heidegger in dieser Kontroverse die Rolle des »Rebellen« zubilligen, der dem Mandarin, Erben einer kosmopolitischen, städtischen und bürgerlichen Bildung und Kultur, gegenübersteht, sollte nicht vergessen werden, daß Cassirer – ähnlich wie Simmel, ein weiterer bedeutender jüdischer Intellektueller, der erst 1914, d. h. vier Jahre vor seinem Tod, Professor in Straßburg wurde – seine *venia legendi* nur mit Unterstützung von Dilthey erhielt und erst 1919, also mit 45 Jahren, zum Ordinarius ernannt wurde, und zwar von der neuen und kämpferischen Universität Hamburg (vgl. F. Ringer, *l. c.*, S. 127), Sitz auch des *Warburg-Instituts*, das, gemeinsam mit dem von Max Horkheimer geleiteten Frankfurter *Institut für Sozialforschung*, die alte Universität auf eine Weise herausforderte, die nicht so leicht zu vereinnahmen war wie die Heideggers und jener, denen er zum Ausdruck verhalf.

8 In diesem Zusammenhang läßt sich erneut sagen, daß Heidegger das Denken Husserls radikalisiert, der, wie häufig beobachtet, der Zeitlichkeit und Geschichtlichkeit einen immer stärkeren Platz einräumt (vgl. A. Gurwitsch, »The last work of Edmund Husserl«, in: *Philosophy and Phenomenological Research*, 16, 1955, S. 380-399).

9 Vgl. J. Vuillemin, *l. c.*, S. 224 und 295.

10 Die Besonderheit der Strategie der »konservativen Revolution« – dieser zum Ausgangspunkt zurückkehrenden zweifach unvollendeten, halbherzigen Revolution – zeigt sich bereits, wenn man Heideggers Verhältnis zur *historischen Tradition* im Sinne der Restaurierung des Ursprünglichen mit Nietzsches Geschichtsauffassung vergleicht,

der durch Intensivierung des Historizismus diesen zu überwinden sucht, wobei er in der zeitlichen Diskontinuität und Relativität das Instrument findet gleichermaßen für einen bewußten Bruch und ein aktives Vergessen (das z. B. sich vom statischen Sein der Griechen zu befreien erlaubt).

11 Der janusköpfige Philosoph wird sich auf diesen Aspekt seines Denkens stützen, wenn er – wie im *Humanismusbrief* geschehen – sein Hohelied auf den Marxismus anstimmt.

12 Vgl. »Arbeitsgemeinschaft Cassirer-Heidegger«, in: G. Schneeberger, *Ergänzungen zu einer Heidegger-Bibliographie*, Bern 1960, S. 24; vgl. auch M. Heidegger, *Kant und das Problem der Metaphysik*, 4. erw. Auflage, Frankfurt am Main 1973, Anhang, S. 263).

13 Aus derselben Logik heraus sind sich Cassirer und Heidegger zumindest darin einig, aus ihrer Debatte, die rein philosophisch sein will, jeden Bezug auf »empirische« Grundlagen ihrer jeweiligen Position zu verbannen (was sie nicht hindert, sich in objektivierenden Andeutungen zu ergehen). »Wir stehen an einer Position, wo durch bloße logische Argumente wenig auszurichten ist (...). Aber bei dieser Relativität, die den *empirischen Menschen* in das Zentrum stellen würde, dürfen wir nicht verharren. Sehr wichtig war, was Heidegger zuletzt gesagt hat. Auch seine Stellung kann nicht anthropozentrisch sein: Und dann frage ich, wo liegt denn nun das gemeinsame Zentrum in unserem Gegensatz? Dies brauchen wir nicht zu suchen.« Auch Heidegger dokumentiert noch seine Zustimmung zu diesem impliziten Axiom der philosophischen Doxa: Indem er ausschließt, daß der Unterschied beider Philosophien »anthropozentrisch gestellt werden« dürfe. (»Arbeitsgemeinschaft Cassirer-Heidegger«, in: Schneeberger, *l. c.*, S. 25 und 24; vgl. auch Heidegger, *Kant und das Problem der Metaphysik*, S. 263 und 264).

14 M. Heidegger, »Überwindung der Metaphysik«, in: *Vorträge und Aufsätze*, S. 95.

15 Selbst noch in Hinblick auf den Stil dürfte Heidegger, ihm die notwendigen Adelsprädikate verleihend, in den universitären Gebrauch eine *mystische Sprache und ein mystisches Verhältnis zur Sprache* eingeführt haben, die bis zu diesem Zeitpunkt den kleinen Randpropheten der konservativen Revolution vorbehalten waren: So schrieb Julius Langbehn, einer ihrer berühmtesten Vertreter, eine zwanghafte, Nietzsche imitierende Prosa, wie er auch ständig auf Wortspiele, auf von Gattungs- und Eigennamen abgeleitete Bedeutungen und auf eine Art »mystische Philologie« zurückgriff (vgl. F. Stern, *l. c.*, S. 148 f.; vgl. auch S. 216, Anm. 1, der Hinweis auf eine Doktorarbeit über die mystische Sprache der Jugendbewegung).

Kapitel IV

1 Dieses Modell gilt für jede Art von Diskurs (vgl. P. Bourdieu, *Ce que parler veut dire*, Paris 1982).
2 Wozu, natürlich, nichts mehr beiträgt als der einem Autor zuerkannte Status eines »Philosophen« sowie die Zeichen und Insignien – Universitätstitel, Verlage, ja schon Eigennamen –, an denen sich seine Position innerhalb der philosophischen Hierarchie erkennen läßt. Um sich diesen Effekt begreiflich zu machen, muß man sich nur einmal vorstellen, wie die Lektüre jenes Abschnitts über das Wasserkraftwerk im Rheinstrom (vgl. M. Heidegger, *Vorträge und Aufsätze*, Pfullingen 1954, S. 23), die dem Autor die Weihe eines »ersten Theoretikers des ökologischen Kampfes« seitens eines seiner Kommentatoren beschert (R. Schérer, *Heidegger*, Paris 1973, S. 5), wohl dann aussehen würde, wenn er die Unterschrift des Verantwortlichen einer Bewegung gegen die Umweltverschmutzung oder eines Umweltministers oder die Initialen einer kleinen Gruppe linksradikaler Gymnasiasten trüge (es versteht sich von selbst, daß derartig unterschiedliche »Zuschreibungen« erst vollkommen wahrscheinlich würden, wenn damit eine Veränderung der *Form* einherginge).
3 Während so der mathematische Begriff der »Gruppe« vollständig durch die seine Struktur bestimmenden Operationen und Beziehungen definiert ist, die auch seinen Eigenschaften zugrunde liegen, weist die Mehrzahl der in den Wörterbüchern registrierten besonderen Anwendungen – z. B. in der Malerei »die Vereinigung mehrerer Personen, die innerhalb eines Kunstwerkes eine organische Einheit bilden« oder in der Volkswirtschaftslehre »ein Komplex von Unternehmen, die durch diverse Beziehungen miteinander verbunden sind« – nur einen geringen Grad an Autonomie gegenüber der Primärbedeutung auf und blieben für jeden unverständlich, der nicht bereits praktisch mit dieser Bedeutung umzugehen wüßte.
4 M. Heidegger, *Sein und Zeit*, Tübingen 1949, S. 300 f. Heidegger wird in dem Maße immer stärker diese Richtung einschlagen, je mehr er, mit wachsender Autorität, sich durch die Erwartung des Marktes zu seinem keinen Einspruch duldenden Verbalismus – Grenzfall eines jeden Autoritätsdiskurses – ermächtigt fühlt. Weithin unterstützt wird er in diesem Unternehmen durch die – besonders französischen – Übersetzer, die Platitüden und billige Worterfindungen, deren tatsächlichen Status Muttersprachler sehr viel besser durchschauen können, in bisweilen monströs mißgestaltete Begriffe umwandeln – hier liegt auch ein Grund für die unterschiedliche Rezeption des Heideggerschen Werkes in Deutschland und Frankreich.

5 Man könnte diesen Analysen hier vorhalten, daß sie zum Teil nichts anderes machen, als die Eigentümlichkeiten des Heideggerschen Gebrauchs der Sprache offenzulegen, was Heidegger ausdrücklich selbst fordert, zumal in seinen späten Schriften: Tatsächlich fügen sich diese trügerischen Geständnisse, wie wir in der Folge noch zu zeigen versuchen, bruchlos in das Werk der *Selbstbehauptung* und *Selbstinterpretation* ein, dem sich der späte Heidegger voll und ganz widmet.

6 M. Heidegger, *Sein und Zeit*, S. 126 f.

7 Zum Zeitpunkt, da ich dies schrieb, war mir der Abschnitt aus *Überwindung der Metaphysik* (1936-1946) nicht gegenwärtig, der jenem Aspekt der Herrschaft der »Technik«, der »Schrifttumsführung«, gewidmet ist: »Der Bedarf an Menschenmaterial unterliegt derselben Regelung des rüstungsmäßigen Ordnens wie der Bedarf an Unterhaltungsbüchern und Gedichten, für deren Herstellung der Dichter um nichts wichtiger ist als der Buchbinderlehrling, der die Gedichte für eine *Werkbücherei* einbinden hilft, indem er z. B. den Rohstoff der Pappe für die Einbände aus den Lagerräumen herbeischafft.« (M. Heidegger, *Vorträge und Aufsätze*, S. 91)

8 Anderes Symptom dieses Aristokratismus: die pejorative Färbung aller Adjektive, die zur Qualifizierung der Existenz dienen, wie »uneigentlich«, »vulgär«, »alltäglich«, »öffentlich« usw.

9 Es liegt auf der Hand, daß die Sprache den ideologischen Manövern noch andere Möglichkeiten bietet als nur die von Heidegger ausgeschöpften. Der herrschende politische Jargon etwa macht sich wesentlich die virtuelle Zweideutigkeit und Mißverständlichkeit zunutze, die sich aus der Vielzahl klassenspezifischer oder (an spezifische Felder gebundener) Spezialverwendungen ergibt, während der religiöse Gebrauch mit der Polysemie spielt, die mit der Verschiedenartigkeit der Wahrnehmungskategorien der Rezipienten verknüpft ist.

10 Wir denken hier an die Ausführungen zum Biologismus (vgl. M. Heidegger, *Nietzsche*, Bd. II, Pfullingen 1961, S. 245), die im übrigen innerhalb des Systems eine sublimierte Form der *Lebensphilosophie* (in Gestalt der Theorie des Seins als historische Emergenz, die – nach Art der Bergsonschen schöpferischen Entwicklung – ihren Antrieb in dem Gott ohne Eigenschaften einer negativen Theologie findet) durchaus nicht ausschließt.

11 M. Heidegger, *Sein und Zeit*, S. 57 (außer »Sorge« von P. B. hervorgehoben).

12 Aus der gleichen Logik heraus wird auch der Gebrauch verständlich, den die marxistische Variante des universellen Priestertums heute

vom »epistemologischen Einschnitt« macht, gerät er ihr doch zu einem gleichsam initiatorischen, ein für allemal vollzogenen Überschreiten der ein für allemal gezogenen Grenze zwischen Wissenschaft und Ideologie.

13 G. Bachelard, *Le matérialisme rationnel*, Paris 1963, S. 59.
14 M. Heidegger, »Der Spruch des Anaximander«, in: *Holzwege* (Gesamtausgabe Bd. 5), Frankfurt am Main 1977, S. 344.
15 Für ein weiteres ausnehmend karikaturales Beispiel der Allmacht des »wesentlichen Denkens« sei die Lektüre eines Vortrags von 1951 empfohlen, in dem die »Wohnungsnot« in Richtung auf eine Krise des ontologischen Sinns von »wohnen« »überwunden« wird (vgl. M. Heidegger, »Bauen Wohnen Denken«, in: *Vorträge und Aufsätze*, S. 139 ff., hier S. 156).
16 Dieser typisch »philosophische« Effekt ist prädisponiert dazu, unendlich wiederholt zu werden, so in allen Begegnungen zwischen den »Philosophen« und den »Profanen«, im besonderen den Vertretern der positiven Einzelwissenschaften, die dazu neigen, die soziale Hierarchie der Legitimitäten anzuerkennen, die den Philosophen die Position einer zugleich »fundierenden« und kulminierenden *letzten Instanz* zuweist. Dieser professorale »Coup« wird seine volle Wirkung natürlich in den »schulmeisterlichen« Anwendungen erfahren: Der philosophische Text, hervorgegangen aus der *Esoterisierung*, wird im Zuge einer kommentatorischen Arbeit *exoterisiert*, die, von seinem esoterischen Charakter her geboten, ihre bedeutsamsten Effekte in den (falschen) Konkretisierungen zeitigt, die umgekehrt vorgehen, nämlich vom (falschen) Einschnitt zur Reaktivierung des anfänglich euphemisierten und derart esoterisierten primären Sinns, allerdings weiterhin von *Warnungen* begleitet sind (»dies ist nur ein Beispiel«), welche die anfängliche Distanz aufrechtzuerhalten haben.
17 M. Heidegger, *Sein und Zeit*, S. 121.
18 J. Lacan, *Schriften I*, Olten 1973, S. 7-60.
19 M. Heidegger, *Sein und Zeit*, S. 127 f. Insofern der »philosophische« Stil Heideggers Summe einer kleinen Zahl endlos wiederholter Effekte ist, haben wir es hier vorgezogen, sie anhand einer einzigen Passage – über die Fürsorge – zu erfassen, in der sie alle in konzentrierter Form auftreten. Man muß diese Passage in einem Zuge lesen, um zu erkennen, wie jene sich praktisch zu einem Diskurs fügen.
20 Letztlich gibt es kein Wort, das in diesem Sinne nicht ein unübersetzbares Hapax wäre: Ein Wort wie »Metaphysik« hat bei Heidegger eine andere Bedeutung als bei Kant, und beim späten Heidegger eine andere als beim frühen. In dieser Hinsicht führt Heidegger eine wesentliche Eigenschaft des philosophischen Gebrauchs der

Sprache nur bis zu ihrem Extrem: Die philosophische Sprache als Summe von Idiolekten mit partiellen Überschneidungen kann nur durch Sprecher adäquat benutzt werden, die in der Lage sind, ein bestimmtes Wort auf den jeweiligen Idiolekt zu beziehen, in dem es die Bedeutung gewinnt, die sie ihm geben wollen (»im Sinne Kants«).

21 E. Jünger, »Der Waldgang«, *l. c.*, S. 323 f. (auf S. 337 f. findet sich ein offensichtlicher, wenn auch unausgesprochener Verweis auf Heidegger).
22 »*Das eigentliche Selbstsein* beruht nicht auf einem vom Man abgelösten Ausnahmezustand des Subjekts, sondern ist eine *existenzielle Modifikation des Man als eines wesenhaften Existenzials*« (M. Heidegger, *Sein und Zeit*, S. 130, ebenso S. 179).
23 M. Heidegger, *l. c.*, S. 295-301 und 305-310.
24 M. Heidegger, *l. c.*, S. 332 f., 387 f. und 412 f.

Kapitel V

1 J. Habermas, »Zur Veröffentlichung von Vorlesungen aus dem Jahre 1935« in: *Philosophisch-politische Profile, l. c.*, S. 65-72 (in Frankreich unter dem ursprünglichen Titel »Mit Heidegger gegen Heidegger denken« erschienen, A. d. Ü.).
2 M. Heidegger, »Bauen Wohnen Denken«, *l. c.*, S. 156.
3 M. Halbwachs, *Classes sociales et morphologie*, Paris 1972, S. 178. Es steht außer Frage, daß *jeder* philosophische Diskurs, *der auf sich hält*, einen derartigen Satz von vornherein verbannt: in der Tat ist eine der grundlegenden Dimensionen des Sinns für philosophische Distinktion die zwischen »Theoretischem« und »Empirischem«.
4 Nicht der Soziologe führt hier die Sprache der Orthodoxie ein: »The addresses of the ›Letter on Humanism‹ combines a profound insight into Heidegger with an extraordinary gift of language, both together making him beyond any question one of the *most authoritative interpreters* of Heidegger in France« (W. J. Richardson, *l. c.*, S. 684, bezüglich eines Artikels von J. Beaufret); oder auch: »This sympathetic study (von Albert Dondeyne) orchestrates the theme that the ontological difference is the single point of reference in Heidegger's entire effort. Not every *Heideggerean of strict observance* will be happy, perhaps, with the author's formulae concerning Heidegger's relation to ›la grande tradition de la philosophia perennis‹« *(l. c.)* (von P. B. hervorgehoben).
5 M. Heidegger, *Einführung in die Metaphysik*, S. 6.
6 M. Heidegger, *Nietzsche*, I, S. 269. Das Werk, erklärt Heidegger an

einer Stelle, sei etwas, das sich der Biographie entziehe, die bloß einer Sache einen Namen gebe, welche doch keinem gehöre.

7 J. Beaufret, *Introduction aux philosophies de l'existence. De Kierkegaard à Heidegger*, Paris 1971, S. 111.

8 Otto Pöggeler, *Der Denkweg Martin Heideggers*, Pfullingen 1963, S. 14.

9 Man kann unter diesem Gesichtspunkt das Interview von Marcel Duchamp (erschienen in *VH 101*, Nr. 3, Herbst 1970, S. 55-61) mit dem *Humanismusbrief*, seinen zahllosen Dementis oder Warnungen, seinen listigen Spielen mit dem Interpreten usw. vergleichen.

10 Das Bestreben nach Öffnung, Voraussetzung für die *Unausschöpfbarkeit*, ist auch an den Publikationsstrategien gut ablesbar: Bekanntlich hat Heidegger nur zögerlich, in kleinen Happen und auf längere Jahre verteilt seine Vorlesungen veröffentlicht. Diese Sorge, niemals einen Gedanken in definitiver Gestalt vorzulegen, hat sich seit *Sein und Zeit* – diesem 1927 veröffentlichten und Torso gebliebenen Text – bis zur Gesamtausgabe seines Werkes, an der er mitarbeitete und deren Texte mit Randbemerkungen von ihm versehen sind, durchgehalten.

11 Es könnte eingewendet werden, daß diese »Anmaßung« im *Humanismusbrief* selbst in Abrede gestellt werde (*l. c.*, S. 168), was sie nicht hindert, sich einige Seiten weiter wieder zu Wort zu melden (S. 170).

12 H. Marcuse, »Beiträge zur Phänomenologie des historischen Materialismus«, in: *Philosophische Hefte*, I, 1928, S. 45-68.

13 C. Hobert, *Das Dasein im Menschen*, Zeulenroda 1973.

14 Vgl. M. Heidegger, *Brief über den ›Humanismus‹ l. c.*, S. 324-328, die Berichtigung der »existentialistischen« Lektüre von *Sein und Zeit*; S. 332 f., das Dementi hinsichtlich der Interpretation von Begriffen aus *Sein und Zeit* als »säkularisierte« Umsetzung religiöser Konzepte; S. 332, das Dementi hinsichtlich der »moralphilosophischen« oder »anthropologischen« Lektüre des Unterschieds von Eigentlichem und Uneigentlichem; S. 333, das etwas bemühte Dementi im Hinblick auf »nationalistische« Töne in den Äußerungen über »Heimat«, S. 337 f.; usw.

15 Heidegger, *Brief über den ›Humanismus‹, l. c.*, S. 339 ff.

16 K. Axelos, *Arguments d'une recherche*, Paris 1969, S. 93 ff.; vgl. K. Axelos, *Einführung in ein künftiges Denken. Über Marx und Heidegger*, Tübingen 1966.

17 Man kann hier das Schema der »ontologischen Differenz« von Sein und Seiendem am Werk, d. h. in seiner praktischen Wahrheit, erkennen: Ist es Zufall, daß es ganz von selbst auftaucht, wenn es darum geht, die Distanz zwischen der Philosophie und den Sozialwissen-

schaften im besonderen zu kennzeichnen und die Hierarchien festzulegen?

18 Auf dies blinde Verstehen verweist die scheinbar in sich widersprüchliche Erklärung Carl Friedrich von Weizsäckers (zitiert in J. Habermas, *l. c.*, S. 77): »*Sein und Zeit*, das kurz zuvor erschienen war, begann ich noch als Student zu lesen. Ich kann heute mit gutem Gewissen behaupten, daß ich damals strenggenommen nichts davon verstanden habe. Aber ich konnte dem Empfinden nicht entgehen, daß hier und nur hier diejenigen denkerischen Aufgaben angegriffen werden, die ich im Hintergrund der modernen theoretischen Physik ahnte.«

19 Vgl. S. de Beauvoir, »La Pensée de Droite aujourd'hui«, in: *Les Temps Modernes*, X, Sondernummer (112-113), 1955, S. 1539-1575, und X, (114-115), S. 2219-2261.

20 Um die späteren abweichenden Schicksale von Sartre und Heidegger zu begreifen, müßte die Konstellation der spezifischen Faktoren in Rechnung gezogen werden, die Stellung und Laufbahn eines jeden von ihnen innerhalb vollkommen unterschiedlicher Felder determinieren, vornehmlich auch, was den geborenen Intellektuellen, der wohl innerhalb der herrschenden Klasse einen schweren Stand hat, der intellektuellen Welt dafür aber um so perfekter eingefügt ist, gegenüber dem Intellektuellen der ersten Generation auszeichnet, der sich *auch* innerhalb des intellektuellen Feldes schwertut.

Kapitel VI

1 Diese Hypothese, die durch den Stil der philosophischen Intention selbst und zumal die Entscheidung für den darin sich äußernden methodischen Extremismus nahegelegt wurde, ist durch neueste historische Untersuchungen erhärtet und bestätigt worden; vgl. vor allem H. Ott, »Martin Heidegger als Rektor der Universität Freiburg 1933/34«, in: *Zeitschrift für die Geschichte des Oberrheins*, 132. Band, 1984; sowie *Zeitschrift des Breisgau-Geschichtsvereins* (»Schau-ins-Land«), 102. Jahresheft, 1983, S. 121-136, und 103. Jahresheft, 1984, S. 107-130; schließlich ders., »Der Philosoph im politischen Zwielicht«, in: *Neue Zürcher Zeitung*, 3./4. November 1984.

2 Gesetzt, man kommt darin überein, Heidegger 1 *Sein und Zeit* sowie die Interpretationen zuzuschreiben, die er selbst in *Kant und das Problem der Metaphysik* und anderen kleineren Schriften von 1929 erstellt, dann liegt der im *Humanismusbrief* erwähnte »Einschnitt« grosso modo zwischen 1933 und 1945.

3 R. Minder, »A propos de Heidegger, Langage et nazisme«, in: *Critique*, 1967, Nr. 237, S. 289-297.
4 Der Terminus ist F. W. von Hermann entlehnt, *Die Selbstinterpretation Martin Heideggers*, Meisenheim am Glan 1964.
5 Zur Auswertung der hauptsächlichen Aspekte einer Verschiebung der Struktur des Heideggerschen Denkens vgl. W. J. Richardson, *l. c.*, S. 626. Es ist dies ein ähnlicher Prozeß wie der, der Jüngers Rebellen vom *aktiven und machtausübenden Helden* (im *Arbeiter*) zum schlichten *Waldgänger*, der in der Meditation Zuflucht sucht, werden läßt.
6 Vorwort *Heideggers* zu W. J. Richardson, *l. c.*, S. XVI f.
7 Zu Heideggers Verteidigung seiner politischen Aktivitäten unter dem Nazismus vgl. jetzt den Text *Das Rektorat 1933/34. Tatsachen und Gedanken* (gemeinsam veröffentlicht mit der Rektoratsrede: *Die Selbstbehauptung der deutschen Universität*, Frankfurt am Main 1983), sowie das am 31. Mai 1976 erschienene *Spiegel*-Interview (ursprünglich am 23. September 1966 geführt), in dem er auf ähnliche Argumente rekurriert: Er hat den Rektoratsposten nur auf Drängen seiner Kollegen (insbesondere seines zuvor abgesetzten Vorgängers, Möllendorff) und um das geistige Leben der Universität zu retten, angenommen; aus denselben Gründen wurde er NSDAP-Mitglied, war aber nie aktiv; sein Denken war ständiger Kritik durch Nazi-Ideologen ausgesetzt; er hat sich niemals des Antisemitismus schuldig gemacht und alles in seiner Macht stehende getan, um seinen jüdischen Studenten und Kollegen zu helfen usw.
8 Eine derartige Entwicklung scheint typisch für das Altern einer produktiven Intention zu sein, die, indem sie sich akademisiert und in den eigenen und den von ihr ausgelösten Objektivationen (Kritiken, Kommentaren, Untersuchungen usw.) sich ihrer bewußt wird und unter Berufung auf die ihr zuerkannte Autorität bis ans Ende ihrer Logik geht, am Ende zu einem Fossil wird, versteinert.
9 Die Intention der »Überwindung« richtet sich nun selbst gegen die eigenen früheren Produkte (vgl. »Überwindung der Metaphysik«, *l. c.*, S. 71 und 81, in bezug auf Kant).
10 R. Carnap, »*Überwindung der Metaphysik durch logische Analyse der Sprache*«, in: *Erkenntnis*, 2. Bd., 1931.

Suhrkamp Verlag GmbH
Torstraße 44, 10119 Berlin
info@suhrkamp.de
www.suhrkamp.de